GEORGES BERTAL

AUGUSTE VACQUERIE

SA VIE ET SON ŒUVRE

AVEC PORTRAIT PAR HENRI LANOS ET FAC-SIMILE

LETTRE-PRÉFACE

DE

HENRI DE LAPOMMERAYE

PARIS

P. ANDRÉOL
ÉDITEUR
231, Boulevard Voltaire, 231

F. PIGEON
LIBRAIRE
7 bis, Boulevard Bonne-Nouvelle, 7 bis

1889

AUGUSTE VACQUERIE

SA VIE ET SON ŒUVRE

DU MÊME AUTEUR

POÉSIE

Ruades et Caresses (épuisées) . . . .   1 vol.

THÉATRE

Le Rocher de Sisyphe, drame en un acte, en vers (3ᵉ édition), chez Dentu.

La lettre du Cardinal, comédie en un acte, en vers, chez Dentu. (Cette dernière pièce, en collaboration avec M. RENÉ LAFON.)

Pour paraître prochainement :

Emile Zola et ses théories littéraires . . . .   1 vol.
Un Arlequin . . . .   1 vol.
Théâtre condamné . . . .   1 vol.

GEORGES BERTAL

AUGUSTE VACQUERIE

SA VIE ET SON ŒUVRE

AVEC PORTRAIT PAR HENRI LANOS ET FAC-SIMILE

LETTRE-PRÉFACE

DE

HENRI DE LAPOMMERAYE

PARIS

P. ANDRÉOL	F. PIGEON
ÉDITEUR	LIBRAIRE
231, Boulevard Voltaire, 231	7 bis, Boulevard Bonne-Nouvelle, 7 bis

1889

1er avril 1884

Mon cher confrère

Je serai ravi que votre
pièce soit jouée, et j'applaudis d'avance à son succès

Certainement, j'accepte la
dédicace que vous voulez bien
m'offrir, et de grand cœur.

Merci, et tout à vous,

Auguste Vacquerie

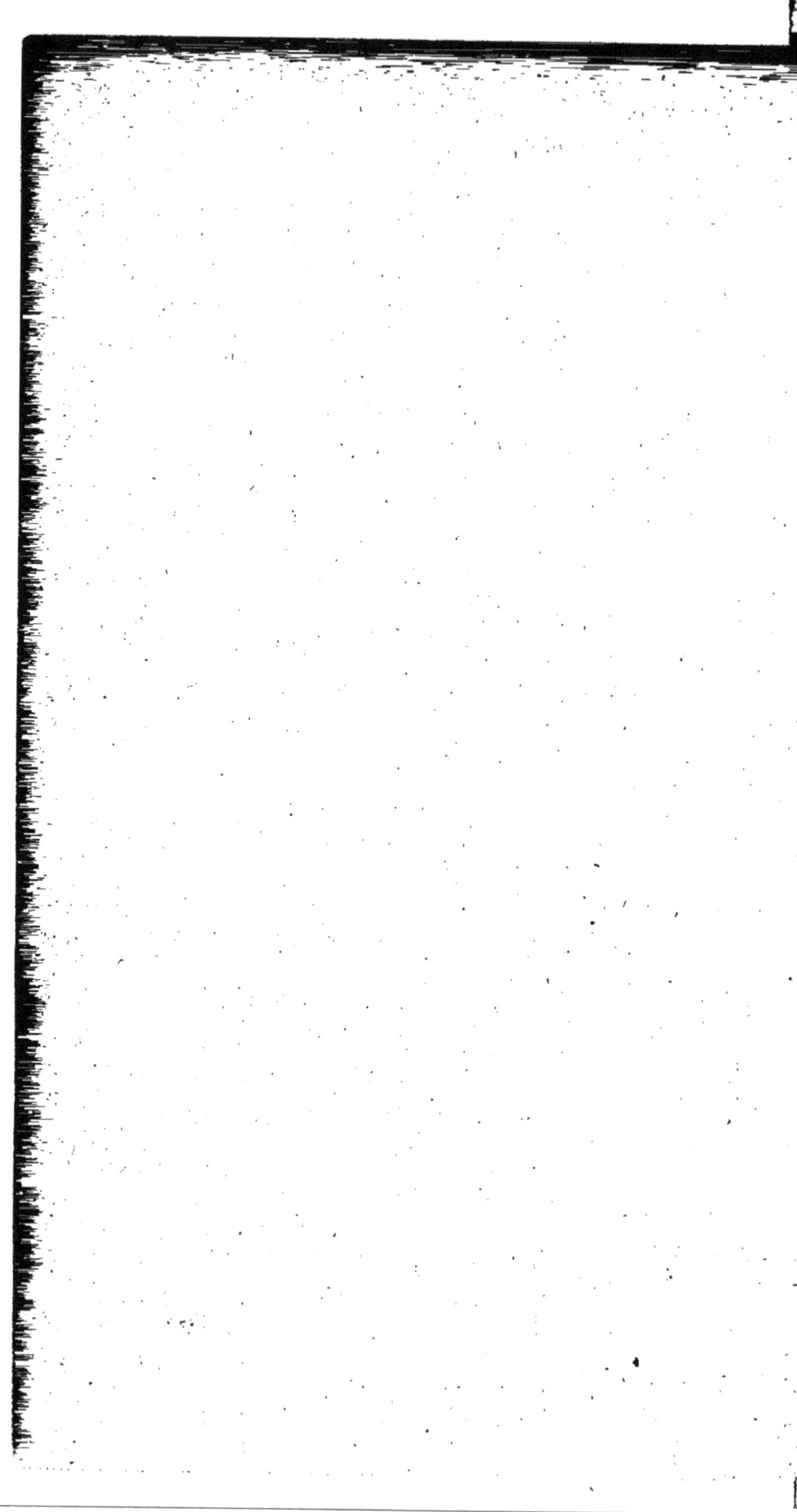

LETTRE-PRÉFACE

DE

HENRI DE LAPOMMERAYE

à M. GEORGES BERTAL

Mon cher ami,

Diogène cherchait un homme; vous, du premier coup, vous l'avez trouvé!

Vous êtes allé droit à Auguste Vacquerie.

Heureuse inspiration!

Oui, c'est un homme celui-là! Un homme estimé par tous, aimé même de ceux qu'il combat chaque jour dans les luttes politiques.

Oui, ce maître écrivain, ce poète, cet auteur dramatique, ce critique, ce journaliste, ce confrère, méritait bien qu'on lui consacrât une étude sérieuse, éloquente, complète, telle que la vôtre; pour un tel sujet la notice ne suffisait pas : la biographie devait avoir les proportions du livre.

Et ce livre n'est pas seulement le tableau bien fait

d'une existence et d'une production, il contient des enseignements féconds qui ressortent du récit de cette vie.

Par exemple, dès son arrivée à Paris, Auguste Vacquerie offre un magnifique et salutaire exemple.

Au sortir de ses études faites dans notre cher lycée de Rouen — car l'auteur de Formosa *fut mon vétéran au lycée... Corneille — le jeune Vacquerie vient à Paris non pour y goûter des plaisirs faciles, non pour chercher des places lucratives, non pour y poursuivre la réalisation d'ambitions plus ou moins avouables; ce qu'il demande à Paris c'est de faire de lui, d'abord « un homme » et puis, s'il se peut, un homme qui honore son pays.*

Pour cela, Auguste Vacquerie était bien préparé; il apportait non seulement « l'ardeur de bien faire », mais encore « un immense besoin de croire et d'admirer ».

Oui, voilà la leçon, dès cette première étape : Vacquerie veut croire et admirer ! Il a deux forces et deux vertus; deux forces, car la foi et l'admiration sont deux puissants leviers; deux vertus, car celui qui croit sait respecter la croyance des autres; il combat l'erreur, mais il n'insulte pas le croyant; il enseigne, mais il ne persécute pas; en outre, — et le mot est de Vacquerie lui-même — jamais l'homme n'est plus grand que lorsqu'il admire.

Donc, Vacquerie pénètre dans « l'âme de Paris »; il croit à l'Art; il admire Victor Hugo; il a le Dieu, la Religion et le Temple.

Ainsi inspiré, ainsi fortifié, il travaille! Il ne cherche pas le succès, mais la vérité; il dédaigne « les applaudissements prompts », évitant l'ivresse des triomphes faciles pour marcher plus droit et plus ferme vers le but qu'il s'est fixé : la renommée durable conquise par la grandeur du caractère et l'ampleur du talent.

Et durant ce labeur point de défaillance!

Parfois, à la vérité, le jeune homme jette un regard vers « sa chère patrie » Villequier, vers

> Ce jardin dont la Seine
> Lèche mollement les pieds.

Vers

> *Le village abrité*
> *Par les collines boisées;*

il revoit les lieux où s'écoula son enfance; il contemple, dans ce cadre, l'image de tous les siens, de tous ceux qu'il a chéris, mais ce n'est là qu'un légitime besoin du cœur, un court instant de repos dans la rêverie et la tâche est vite reprise avec plus de courage et de volonté.

Les poésies succèdent aux poésies; les drames aux comédies.

Mais le poète est doublé d'un critique, ou plutôt d'un combattant.

Et alors, que de beaux combats!

Quelle vaillance pour soutenir ceux qu'on admire!

Quelle superbe furie contre ceux qui sont l'ennemi et l'obstacle!

Qu'elle est brillante cette campagne du critique en faveur de l'affranchissement de l'art!

Et bientôt, le sentiment d'un autre devoir accroît encore l'ardeur d'Auguste Vacquerie en lui ouvrant un champ nouveau : *Le serviteur de l'Art se fait le combattant du Droit; le prêtre du Beau devient le soldat du Juste; le citoyen accomplit sa tâche avec la même conscience que le poète; et voici Auguste Vacquerie journaliste, défendant le faible, l'opprimé, le malheureux; prenant en main les causes généreuses.*

Quand la voix du citoyen est réduite au silence, celle du poète, de l'auteur dramatique se fait entendre de nouveau. Auguste Vacquerie retourne au théâtre, dans « le pays des bouches qui acclament »; il gravit « le Golgotha de l'Idée »; là aussi l'on enseigne le Peuple!

Et puis c'est le Rappel; c'est le cri du patriote, ce sont les douleurs de l'Année Terrible, ce sont les épreuves réitérées de la politique, c'est enfin la réussite, le triomphe des idées et des œuvres, les bravos, l'acclamation sans conteste, sans protestation, sans une note discordante; et pour en arriver à ce sommet lumineux, à cette gloire sans ombre, nulle soumission, nulle compromission, nulle variation; l'homme n'a jamais changé; tel Auguste Vacquerie était il y a un demi-

siècle, tel il est resté : fier et bon ; indépendant et accessible ; ferme et humain.

Au reste, la tâche n'est pas finie ; et elle sera poursuivie longtemps par Auguste Vacquerie, toujours aussi noblement, aussi vaillamment, aussi brillamment, car « le cœur a seize ans ».

C'est cette existence si belle que vous nous montrez, mon cher Bertal ; en le faisant vous faites, je le répète, une œuvre juste et utile.

Donc je vous félicite, et je vous remercie aussi de m'y avoir associé en me donnant la joie de dire hautement ce que je pense — avec tous ! — de ce Confrère, de ce Maître si justement et si bien loué par vous.

HENRI DE LAPOMMERAYE

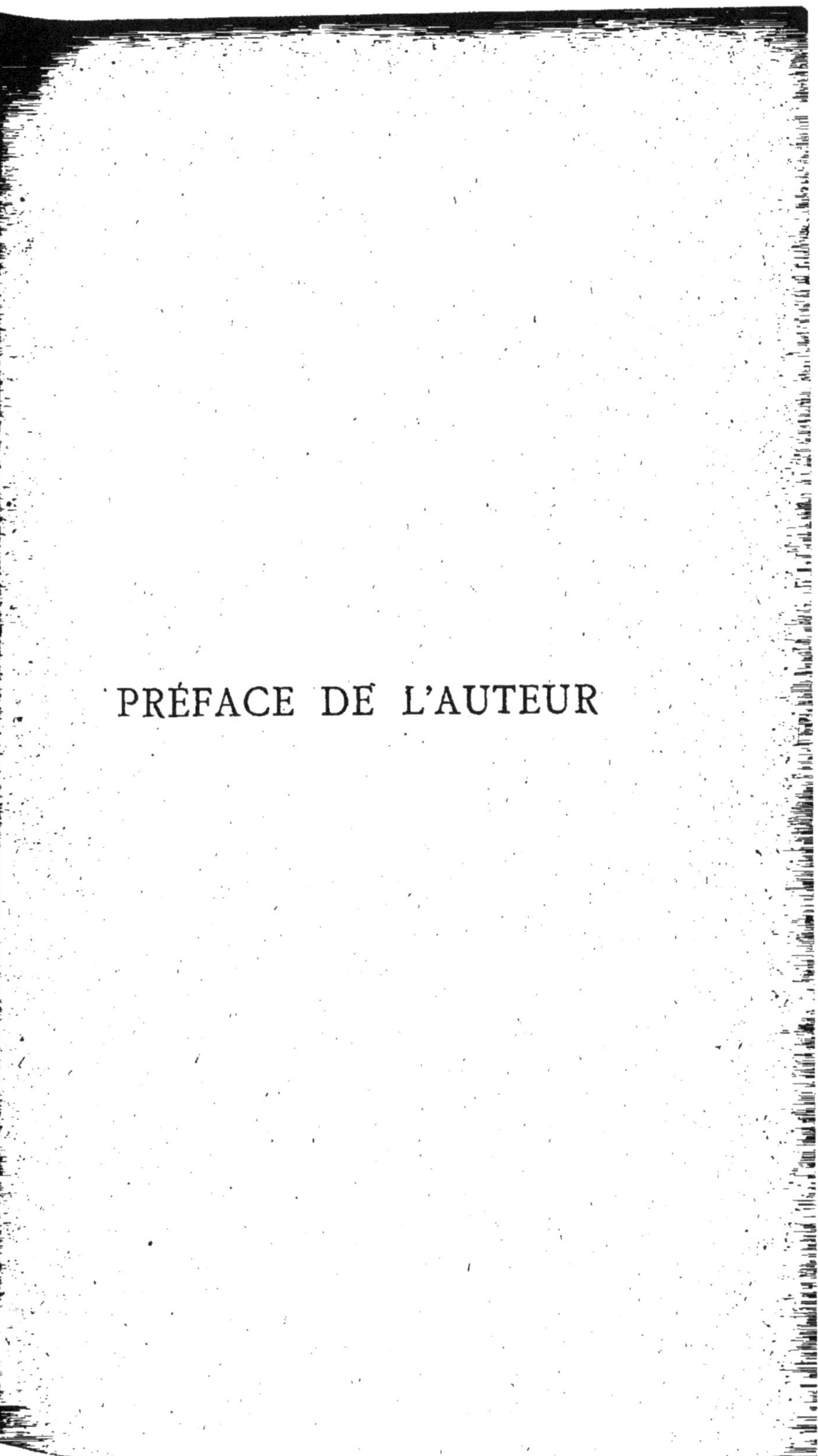# PRÉFACE DE L'AUTEUR

PRÉFACE DE L'AUTEUR

« Il y a des heures, écrivait Auguste Vacquerie,
en 1850, où ceux qui ont encore quelque générosité éprouvent le besoin de crier leur admiration. »

Je vais donc me donner la joie de raconter la
vie et d'analyser l'œuvre d'un écrivain que rien
n'arréta dans son ascension vers le beau, ni les
les aboiements d'une meute de petits chiens
enragés, ni les colères d'un groupe de pieds-
plats, enrôlés par M. Joseph Prudhomme.

Après bien des années de travail et de luttes,
après quelques belles victoires remportées à la
force du poignet et quelques grandes défaites
plus glorieuses encore que les victoires, après
bien des deuils et bien des catastrophes irrépa-
rables, cet écrivain ne cesse d'honorer la littérature et de défendre les principes démocratiques.
Son nom sert de titre à ce volume, mais les

hommes de cette valeur intellectuelle et morale sont si rares que vous n'auriez pas eu d'hésitation. — Oui, c'est d'Auguste Vacquerie que je veux parler ; c'est ce poète de haut vol, ce citoyen impeccable, que je me propose de donner en exemple aux *jeunes-vieux* de la génération actuelle.

En le voyant marcher, ils apprendront peut-être à se tenir debout, et en le voyant braquer ses chefs-d'œuvre sur les dernières bastilles, ils apprendront peut-être aussi à faire leur devoir.

Il est temps qu'on se réveille, qu'on se redresse enfin et qu'on se décide à travailler — chacun dans la mesure de ses forces — à la gloire de la France.

Mon intention n'est point de prêcher, mais il faut bien reconnaître que nous assistons à un vilain spectacle.

Aujourd'hui, les salons et les journaux, la tribune et le théâtre sont envahis par un tas d'individus dont la besogne consiste à défigurer l'œuvre des maîtres, à *blaguer* bêtement les actions les plus nobles — pour le simple plaisir de faire une grimace.

Ces drôles passent leur vie entière à mettre des inscriptions stupides au socle des statues, et à lever la patte au pied des monuments.

Le pâle *voyou*, dont ils se moquent, est un modèle qu'ils ne savent même pas atteindre, car le *voyou* a parfois des trouvailles de mots, et s'il arrive que la grandeur de certaines manifestations l'étonne, il ôte silencieusement sa casquette. — Au moins, que MM. les *blagueurs* fassent comme lui ! mais non ; c'est précisément en face des plus grands hommes et des plus grandes choses qu'ils s'abandonnent à leurs bizarres fantaisies de clowns hébétés.

Ils n'aiment rien et ne s'intéressent à rien.

L'histoire?

Ils ne voient, dans le passé, que des dieux de hasard ou des héros de contrebande, grandis par le temps et déifiés par la bêtise humaine;

La poésie?

C'est à peine s'ils peuvent endurer les alexandrins pourtant bien ordinaires et bien raisonnables de M. Édouard Pailleron;

Le théâtre?

Ils rient à gorge déployée de ces vieux burgraves qui s'appellent Shakespeare, Corneille et Victor Hugo ;

La politique ?

Bah ! qu'est-ce que cela, sinon une immense farce inventée par un borgne dans le seul but de tromper les aveugles.

Alors, quoi ?

A qui demander l'oubli de ce monde et les jouissances rêvées ?

Aux femmes ?...

Peut-être !

Et nos modernes Lovelaces vont de la vierge à l'épouse, de la cabotine à la duchesse, de celle qui se donne pour de l'amour à celle qui se donne pour un louis, — abandonnant l'une, méprisant l'autre, battant celle-ci, jouant avec le cœur de celle-là, — et jetant à leur réveil le cri désespéré de Faust : Rien ! rien ! rien !

Ils en arrivent parfois à regretter ces accouplements étranges immortalisés par Catulle et Martial.

— Le christianisme a tout perdu, pensent-ils ; Marie a remplacé Vénus, les vierges dévouées aux

catacombes de Rome ont détrôné les danseuses
de Sybaris, et les extases de l'âme ont fait disparaître les jouissances du corps. Adieu la joie !
maintenant, il faut vivre pour se décrocher la
mâchoire à force de bâiller ou se donner la mort
pour servir de pâture aux vers... Lequel est pré-
férable ? *That is the question*, comme dit
Hamlet.

Je n'exagère rien, il est certain, trop certain,
hélas ! que nous manquons de jeunesse, de foi et
d'enthousiasme.

Au lieu de chevaucher sur l'aile de l'idéal, les
hommes d'aujourd'hui vont niaisement s'asseoir
devant un tapis vert ;

Au lieu de rêver l'impossible, ils se complai-
sent dans le réel ;

Au lieu de lever le front vers les étoiles, ils se
condamnent à ne jamais regarder que le sol ;

Au lieu de s'avancer dans la vie comme des
conquérants, ils se trémoussent dans un décor
banal comme de simples polichinelles !

Ce qu'il faudrait à cette pauvre génération,
pour la guider et l'éclairer, ce sont des poètes,
des historiens et des orateurs comme ceux qui

jetèrent dans les âmes, de 1830 à 1850, une semence de vie et de liberté !

Hugo, Michelet, Lamartine, Balzac, George Sand, Dumas, s'occupaient moins de *photographier* les hommes que de peindre *l'homme.*

Ils n'étaient pas de leur temps, mais de tous les temps, et c'est pourquoi leurs chefs-d'œuvre sont immortels.

Ils paraîtront toujours jeunes, parce qu'ils chantent la passion, l'héroïsme, la souffrance et l'honneur.

A côté de ces sentiments impérissables, les mœurs comptent d'autant moins qu'elles passent plus rapidement.

C'est pour ces vérités, et bien d'autres encore, que Vacquerie combat dans le livre, dans la presse et au théâtre depuis plus de quarante ans.

Ses biographes n'ont raconté, jusqu'à présent, qu'une partie de sa vie, ou bien ils ont passé rapidement sur l'autre.

Au lieu de faire un volume, ils ont fait une simple notice; or, si éloquente, si chaude, si originale que soit cette notice, elle ne peut reproduire bien des détails, bien des anecdotes, qui permettent de mieux apprécier l'homme et de mieux juger l'écrivain.

Je vais donc prendre l'auteur de *Formosa* à sa sortie du berceau, et je le suivrai, pas à pas, depuis la maison paternelle de Villequier, jusqu'à la demeure qu'il habite actuellement, rue Dumont-d'Urville

Ma seule ambition est de le bien faire connaître, car le connaître, c'est l'admirer, et c'est aussi l'aimer.

GEORGES BERTAL.

CHAPITRE I

L'Enfance d'Auguste Vacquerie.

Marie Dorval a Rouen.

Déclaration d'un universitaire a propos de Victor Hugo.

Paul Meurice, garde-malade.

CHAPITRE I

L'enfance d'Auguste Vacquerie. — Marie Dorval à Rouen. —
Déclaration d'un universitaire, à propos de Victor Hugo. —
Paul Meurice, garde-malade.

Auguste Vacquerie eut de bonne heure le goût de la poésie et des spéculations élevées. Il avait horreur des banalités; peut-être tenait-il de son père, capitaine de navire, l'amour de l'inconnu, comme il tenait déjà de lui cette gaîté qui vient du cœur et cette bonté toujours éclairée par un rayon de l'esprit.

L'auteur de *Tragaldabas* est normand, de cette contrée riante que la douceur des vents d'ouest féconde, où le passé resplendit en monuments immortels, en ruines sublimes, où la vie moderne bouillonne frémissante de Rouen au Havre, du centre industriel le plus actif de toute la province, au port de mer le plus riche de tout le littoral.

Dans cette charmante maison de Villequier, où il est né le 18 novembre 1819, parmi les cerisiers blanchis de neige printanière ou resplendissants de rubis sous les feux du mois de juin, au milieu des fleurs souvent arrosées par les vagues, il sentit monter en lui l'exquise tendresse des choses.

Le coloris puissant et la simplicité des tableaux qui se déroulaient devant ses yeux devaient profondément impressionner son âme.

Quand on étudie un talent aussi considérable, les moindres détails ont leur importance.

Le génie est un don de Dieu; mais, pour se développer, il lui faut un milieu propice, comme il faut au chêne tous les sucs de la terre et toute la rosée du ciel pour germer, pour croître, — pour devenir le roi des forêts.

Quel milieu plus favorable que ce gracieux cottage de Normandie!

Là, sous les berceaux fleuris, en face des pelouses d'émeraude et des collines inclinées, — pendant qu'au loin plane, solennelle et mystérieuse, la voix de la marée haute, — la jeune imagination de notre poète s'éveille tantôt aux belles légendes que raconte une mère attendrie, tantôt aux récits palpitants que le père fait de ses voyages.

La fable et la réalité s'unissent pour lui inspirer ces curiosités généreuses qui ne peu-

vent pas mourir une fois qu'elles ont surgi
dans un cœur, car elles vont toutes à l'idéal
— et l'idéal est infini.

Si la plupart de nos grands écrivains ont eu,
comme Vacquerie, à bénir l'influence du pays
natal et du foyer domestique, en revanche,
Vacquerie a eu, comme eux, à combattre l'influence du collège.

Ceux que le lycée n'étiole pas, n'y appren-
nent que ce qu'ils pourraient fort bien appren-
dre sans lui.

Notre système d'éducation ne peut former
que des intelligences médiocres.

Heureusement, l'élite lui échappe.

Au collège de Rouen, où, d'ailleurs, il tenait
les premières places, remportant sans peine
toutes les couronnes, Auguste Vacquerie con-
nut l'écœurement de ces études fastidieuses,
fatras ridicule, énorme amoncèlement de mots
que rien n'éclaire.

Il se demandait, avec inquiétude, si c'était là
tout; il suivait avec déception la routine qui
de l'antiquité ne lui montrait que des bribes
peu compréhensibles, qui lui cachait les litté-
ratures étrangères, et, des gloires françaises,
ne connaissait que celles du XVIIe siècle, encore
avec les plus étranges restrictions.

Son désespoir n'était pas absolu.

Vaguement, il attendait un rayon sauveur, comme celui qui guida les mages — et son attente fut exaucée.

Un soir, l'affiche du théâtre de Rouen « s'étoila » du nom de Marie Dorval.

La vie manquait à tout ce dont on nourrissait sa pensée. Or, le drame, c'est la vie elle-même; et la dernière expression de la vie dans l'art, c'est l'acteur. La gloire de celui-ci est éphémère et le tombeau le prend tout entier; mais quand il est de la race des Frédérick et des Dorval, il apparaît vraiment comme la plus éclatante manifestation du beau.

Par ses gestes, par ses attitudes, il est sculpteur et statuaire.

Par l'expression de son visage, par la recherche de son costume, il est peintre.

Les modulations de sa voix sont aussi savantes que celles d'un chanteur habile, et ses accents chaleureux peuvent servir de leçon au tribun.

Il réalise l'œuvre rêvée par les poètes : s'il ne crée pas, il anime et fait palpiter les créations du génie.

Du jour où Vacquerie entendit Dorval, un changement complet s'opéra en lui.

Sans délaisser ses livres de classes, sans négliger ses versions et ses thèmes, il entrevit de nouveaux et splendides horizons.

Son entrain au travail ne fit que redoubler.

Ses triomphes retentirent bientôt jusqu'à Paris; un répétiteur de l'institution Favart vint même le réclamer :

— « Si vous me permettez de l'emmener, dit M. Verdot, ce répétiteur, au père d'Auguste Vacquerie, nous lui ferons terminer ses études sans qu'il vous en coûte rien. »

Le père déclara que son fils ne serait l'obligé de personne; mais, à la fin de sa seconde, il se résolut, néanmoins, à l'envoyer, en payant, à l'institution Favart.

Notre futur poëte dut aider beaucoup à cette décision.

Plein d'aspirations contenues, il brûlait de voir la grande ville que le vaste génie de Victor Hugo emplissait déjà de sa renommée.

Il partit, il quitta ce collège où longtemps après son départ il était encore cité comme un modèle.

Gustave Flaubert, qui vint s'asseoir sur les mêmes bancs, racontait qu'aux jours solennels les professeurs exhumaient de leurs cartons les devoirs de l'ancien élève, précieusement conservés comme des reliques.

Vacquerie ne regretta ni Rouen, ni le lycée; mais il donna du moins quelques larmes à Villequier, à ce cercle heureux de la famille où il avait savouré les plus pures délices, avec son père, sa mère, sa sœur et son frère Charles, qu'il adorait.

Le directeur de l'institution Favart, qui comptait déjà sur de nombreux prix au concours général, le reçut avec une grande joie. Cependant, au lieu de le mettre en rhétorique, il voulut lui faire recommencer sa troisième, prétextant qu'il avait été favorisé au collège de Rouen, où il fut admis en seconde avant d'avoir atteint l'âge exigé par les règlements universitaires.

Vacquerie accepta tout d'abord, mais, bientôt, n'ayant point eu à se louer de son professeur, un certain Loudière, personnage aussi malveillant que bourru, il insista pour entrer en rhétorique, et, cette fois, sa demande fut favorablement accueillie.

C'est grâce à ce changement qu'il rencontra Paul Meurice et que put s'établir entre ces deux élèves, si bien faits pour se comprendre, une camaraderie qui devait devenir une amitié éternelle.

On devine les conversations des deux amis pendant les rapides heures de liberté !

Comme on y traitait toutes les vieilles perruques scolaires et toutes les cuistreries de la tradition !

Puis, que de projets ! que de rêves !

On lisait des fragments d'Eschyle, d'Aristophane et de Shakespeare.

On récitait les vers enflammés du nouveau Tyrtée pour lequel se passionnait la France.

Avec quel transport on déclamait ces éblouissantes poésies où la pensée portait une parure digne d'elle.

On se grisait de ces périodes sonores, de ces épithètes retentissantes, et, dans une ivresse éperdue, sous la magie de ce style enchanteur, on n'avait plus qu'une idée, qu'une ambition, qu'une espérance, serrer la main de celui qui avait composé ces chefs-d'œuvre.

Vacquerie, n'y tenant plus, écrivit à Victor Hugo, alors âgé de trente-quatre ans.

Le maître fit aussitôt à son correspondant inconnu un sincère et cordial accueil.

L'enthousiasme du néophyte n'en devint que plus grand.

— « Ne vous inquiétez pas de cela, dit un jour le directeur de l'institution Favart, en parlant au père de son élève. L'ardente admiration de votre fils ne saurait durer. *Il arrive de province où l'on parle encore de Victor Hugo; mais il s'apercevra bientôt qu'il n'en est plus, ou presque plus question à Paris.* »

Le mot valait la peine d'être souligné, n'est-ce pas ?

Cependant, Vacquerie avait trouvé sa voie. Rien ne pouvait plus l'en détourner, pas même les remontrances d'un père qui préférait de beaucoup pour son fils, aux hasards de la littérature, le diplôme de polytechnicien.

Le jeune homme s'inclina devant l'autorité paternelle et se donna vaillamment aux mathématiques; mais il gardait au fond de son âme la certitude d'arriver tôt ou tard à son but.

A la fin de ses études, brillamment terminées, il revit Hugo.

Un jour, même, il eut l'honneur de recevoir le poète et sa femme à Villequier.

Avait-il encore des hésitations ?

Si oui, cette intimité glorieuse dut en avoir raison bien vite.

Il commença son droit, ce qui était un léger accroc fait aux sciences, mais après la première représentation de *Ruy Blas* (absent de Paris à ce moment, il fit quatre-vingts lieues pour y assister), enflammé d'une ardeur plus belle pour le théâtre et la poésie, il délaissa les cinq codes et s'enrôla bravement dans la petite armée romantique.

Les batailles déjà livrées annonçaient de furieux combats et les victoires déjà remportées faisaient brillamment présager de l'avenir.

Le jeune volontaire comptait bien gagner ses épaulettes et devenir un jour capitaine. Mais au moment de courir au feu sur les pas de Victor Hugo, une cruelle maladie vint arrêter son élan et menacer ses espérances.

Paul Meurice s'installa dans sa mansarde, à son chevet.

Tous les deux avaient vingt ans.

Nous ignorons quelles tisanes le jeune garde-malade faisait boire à son ami; mais nous savons que pour le distraire il lui lisait le dernier volume de George Sand : *Mauprat*.

Ce traitement en vaut bien un autre.

Il fit merveille.

La fluxion de poitrine disparut et le fougueux soldat put s'élancer sur le champ de bataille.

Il faut lire la pièce dans laquelle il jette fière-

ment son nom à la foule. A la façon dont il
parle, on sent qu'il a le droit d'être entendu :

Je ne t'apporte rien que l'ardeur de bien faire,
L'amour du vrai ; des yeux que le beau fait pleurer,
Un immense besoin de croire et d'admirer.

CHAPITRE II

Trop d'audace!

Révolte des journaux. — "L'Enfer de l'esprit".

"Falstaff". — Un drame réel.

Lettre inédite de Victor Hugo. — "Antigone".

Un mot de Balzac.

CHAPITRE II

Voilà Auguste Vacquerie rédacteur du *Ver-
vert*, publication littéraire, à laquelle collabo-
raient Méry, Esquiros et Taxile Delord.

A cette époque, l'argent n'était pas tout.

Si le dieu Plutus avait ses adorateurs, il ne
trônait pas du moins sur tous les autels.

Le talent passait avant la finance.

On se préoccupait de la poésie plus que du
cours de la rente.

Un nouveau journal était un événement;
un sonnet faisait plus de bruit que le mariage
d'une *vieille-garde*, et la jeunesse aventureuse
pouvait, comme Figaro, se jeter dans la mêlée
sans autre arme qu'une plume bien taillée.

L'art seul avait le don d'arrêter les passants
et d'intéresser la foule.

Les lecteurs ne manquaient à aucun écrivain;

on pouvait compter d'avance sur des bravos sincères, — ou sur de bruyants sifflets.

C'était l'âge d'or de la littérature.

Paris, qui rayonnait comme un phare sur le monde civilisé, n'avait alors qu'une joie, qu'une ambition, qu'un rêve, alimenter, augmenter sans cesse ce glorieux foyer du génie.

Avec la fermeté de son style et l'originalité de sa pensée, Vacquerie partit en guerre.

Esquiros ne manqua pas de se l'attacher, quand il fonda plus tard la *France-Nouvelle;* mais le premier article du jeune et bouillant romantique débordait d'une verve qu'on prit pour de la violence.

On lui adressa des conseils, on lui demanda des coupures, on lui prêcha la sagesse, on l'engagea à plus de retenue.

C'était prêcher dans le désert; il refusa résolument la tisane de nénuphars qu'on lui offrait, et voulant garder toute sa sève, toute son énergie, il quitta sans hésiter la *France-Nouvelle* pour se donner à la Muse qui depuis longtemps l'agaçait.

Libre, dans son cabinet d'étude, il ne ménagea pas la déesse qui aime les étreintes robustes.

En 1840, il baptisa un volume de vers nouveau-né de ce titre : *l'Enfer de l'esprit.*

L'enfant ressemblait au père.

Il avait des ardeurs extraordinaires et des audaces inquiétantes.

Comme Pantagruel, il épouvanta les nourrices; et les bonnes grosses normandes académiques, qui débitent le lait fadasse des idées toutes faites, crièrent à l'unisson contre cet indocile, déjà disposé à boire le vin généreux dont s'enivre Apollon.

Vacquerie ne s'émut point de ses clameurs; il poussa même la révolte jusqu'à se nourrir de lectures prohibées.

Cet indépendant devait aimer Shakespeare.

En collaboration avec Paul Meurice, il entreprit d'adapter pour le second Théâtre Français le rôle merveilleux de Falstaff.

Cette œuvre, précédée d'un prologue de Gautier, fut représentée en 1843.

Des vers de Théophile, une interprétation magistrale, un personnage créé par Shakespeare — quel régal pour les délicats!

Mais aussi quelle pierre jetée dans la mare aux grenouilles!

Sur cette scène de l'Odéon, où si longtemps avait ronflé la vieille toupie des alexandrins tragiques, quelle apparition que celle du gros et candide Falstaff, toujours victime de sa panse rebondie, menteur, lâche, effronté — amusant par ses propos rabelaisiens et sa gloutonnerie naïve!

Mais, à ce moment, un drame réel, poignant et terrible, atteignait le poète en plein cœur.

On connaît la mort effroyable de Léopoldine Hugo et de son jeune mari, frère cadet d'Auguste Vacquerie.

Dans une partie de bateau, le 4 septembre 1843, quand tout était joie dans les âmes, quand tout était azur au ciel, soudain un coup de vent troubla les nues, souleva les flots et mit un voile de deuil sur cette jolie maison de Villequier, qui jusqu'alors n'avait connu que le bonheur.

Comme Ophélia, Léopoldine, entraînée par les eaux, mourut en effeuillant les fleurs cueillies sur la rive; mais, plus heureuse que la princesse de Danemark, elle sentit, en quittant la vie, l'étreinte amoureuse de celui qui était tout pour elle, et qui, ayant juré de ne jamais l'abandonner, voulut la suivre au-delà du trépas. — Ils étaient mariés depuis cinq mois à peine!

En face de certaines douleurs, on n'a de force que pour les larmes :

De quoi nous plaignons-nous ? Nous bornions notre rêve
Au lit de noce : ils sont ensemble dans le lit
D'où jamais avant l'autre un époux ne se lève.
Les hommes font des vœux et Dieu les accomplit.

Et Victor Hugo répond à Vacquerie :

*J'ai besoin aussi, moi, de vous dire que je ne
vous oublie pas.*

*Ce que vous dites en vers profonds, je le sens
comme vous.*

*Votre famille est plus que jamais la mienne.
Le nœud qui nous lie est scellé dans une tombe.*

*Madame Vacquerie et Madame Lefèvre pleurent
Odine comme moi ; je pleure Charles comme elles.*

*Mettez mes plus tendres et mes plus douloureux
respects à leurs pieds.*

Votre ami,

V. H.

Villequier! Villequier!

Désormais, les riants souvenirs feront place
aux funèbres images; mais la souffrance n'abat
que les lâches — elle est un stimulant pour les
forts.

Les yeux rougis à pleurer voient plus clair
au livre de l'idéal et la douleur élargit la pensée.

Aidé par Paul Meurice, Vacquerie demanda,
cette fois, son inspiration à Sophocle.

C'est en 1844, que l'Odéon donna *Antigone,*

avec un succès qui fut le grand événement de la direction Lireux.

Après cette victoire, la rédaction du *Globe* ouvrit respectueusement ses colonnes au poéte, et lui offrit le sceptre de la critique.

Ce sceptre, il était digne de le porter.

Ce n'est point un petit rôle que celui de critique de théâtre; il dépasse la taille de beaucoup de ceux qui le jouent.

Raconter une piéce, louer et blâmer les auteurs, c'est à la portée de tout le monde.

Faire de l'érudition à propos d'un titre, d'un sujet, d'un décor ou d'un costume, cela demande quelque patience et des doigts habiles à feuilleter les livres spéciaux.

Peindre à propos d'une comédie le tableau de l'époque à laquelle elle se passe, cela peut être intéressant et donner lieu à de belles pages; mais ces qualités, même réunies, ne font pas un critique.

Analyser un drame, c'est très bien.

Cette analyse aide, sans doute, les spectateurs à suivre l'action qui se déroule chaque soir devant eux; mais le but artistique entrevu par l'auteur, atteint ou poursuivi par lui, voilà ce que le critique doit savoir démêler.

Il a tout loisir de refaire l'œuvre, de mettre

en lumière les points maladroitement laissés dans l'ombre, d'être créateur à son tour, — et c'est par là qu'il est quelque chose, qu'il mérite à la fois son titre de juge et son nom d'écrivain.

S'il ajoute à ces dons si rares une grande profondeur de pensée, un esprit du diable, un ton personnel qui est la vraie marque du talent, il sera critique parfait — il sera ce que Vacquerie était au *Globe*.

Et, cependant, après cinq mois d'une si brillante collaboration, il dut quitter le journal où *son succès était trop grand*.

Quelques abonnés murmurèrent.

Dans ces belles passes d'armes où le jeune polémiste s'était montré tireur *di primo cartello*, quelques fétiches avaient été atteints.

Un journal annonça bientôt qu'il venait d'envoyer sa démission au directeur du *Globe*.

Démission? — Non pas!

« Monsieur, écrivit Vacquerie au rédacteur qui avait employé une expression si adoucie, je vous prie de croire et de dire que je n'ai pas donné ma démission, mais qu'on m'a bien flanqué à la porte. »

Quel sacrilège avait-il donc commis?

Il avait quelque peu défrisé la perruque élégante de Racine.

Il faut être juste.

Il y avait des exagérations *voulues* dans ces diatribes admirables.

Les pierres lancées à Racine ont pu le submerger en compagnie de quelques-uns de ses défenseurs; mais si les zoïles du *Constitutionnel* et des *Débats* restent engloutis, l'auteur d'*Andromaque* surnage.

Il est remonté à fleur d'eau, et personne à présent, pas même Vacquerie, nous en sommes bien certain, ne tenterait de le replonger sous les flots.

Racine n'est plus provoquant; on peut le laisser en paix.

Il n'est plus un obstacle au progrès; on a le droit de l'admirer.

Il n'y a plus de raison pour le combattre.

Ses analyses psychologiques sont acceptées par tous comme un modèle; mais nul n'oserait comparer ses plus célèbres périodes aux tirades d'*Hernani* ou de *Ruy Blas*, et il n'y a plus dans l'Université toute entière un seul professeur assez encroûté pour mettre *Bérénice* ou *Mithridaie* sur le même plan qu'*Hamlet* ou *Othello*.

Peu à peu, d'ailleurs, on rendait justice à l'écrivain romantique.

Le journal *la Presse*, ayant agrandi son format, le priait de venir combattre à côté de cette noble phalange qui comptait déjà Madame de Girardin, Eugène Pelletan, Théophile Gautier, Châteaubriand et Lamartine.

On lui avait dit : « Ici, vous êtes libre; n'écoutez que votre inspiration ».

Mais à son premier article, sur la réception de M. Saint-Marc-Girardin à l'Académie Française, le journal le renvoya sur-le-champ.

Il avait encore parlé trop haut.

Il ne pouvait décidément pas respecter les plates-bandes et marcher dans les sentiers tracés.

La ligne, cette fameuse ligne qui pour tout débutant journaliste est un lit de Procuste, jamais il ne la respecta.

Dès son premier pas, il la dépassait.

Bien résolu à ne plus s'empêtrer dans tous ces fils tendus qui gênaient son essor, il revint à sa muse, à cette douce amie des heures tristes, à cette maîtresse immortelle toujours prête à nous consoler.

En 1845, il publia *Paroles*, d'après Shakespeare, avec la collaboration fidèle de Paul Meurice; et la même année, il fait paraître un second volume de poésies, les *Demi-teintes,* qui se compose, en grande partie, d'une refonte de l'*Enfer de l'esprit,* comme les *Premières années à Paris,* dont nous parlerons plus loin, se composent d'une refonte des *Demi-teintes.*

Le poète cherchait sa voie, revenait parfois en arrière, toujours difficile pour lui-même, supprimant avec courage les pièces qui lui semblaient imparfaites, condamnant à la mort, avec l'héroïque fermeté d'un spartiate, tous les fils de sa pensée ayant le moindre défaut.

Cependant, le démon du journalisme vint encore une fois s'emparer du poète.

En 1846, il entre en qualité de critique à l'*Époque,* nouveau journal, d'un format immense, comme ceux d'Angleterre et d'Amérique, mais qui n'eut qu'une durée éphémère. Il permit du moins à Vacquerie d'éblouir tous les connaisseurs par ses hardiesses philosophiques, et de se préparer à mettre résolument en pratique ses principes et ses enseignements. Plein de confiance en son étoile, il voulait aborder le théâtre en véritable chef d'école : — Il fit *Tragaldabas.*

Après l'une des répétitions générales de cette pièce, Vacquerie et Balzac sortirent ensemble de la Porte-Saint-Martin.

C'était le soir.

Le poète accompagna le romancier jusqu'à sa porte.

Le premier ne pensait qu'à son œuvre, à la mise en scène, aux acteurs, au tumulte probable de la première représentation.

Le second, oubliant sa *Comédie humaine*, mais s'y taillant un rôle sans le savoir, était tout à la politique.

Au lendemain des journées de juin, ce *naturaliste*, qui, toujours incliné sur sa tâche, ignorait le véritable état des esprits, attendait sérieusement Henri V.

— C'est prévu, disait-il, c'est forcé, c'est inévitable, le comte de Chambord sera bientôt notre roi. Et alors, je suis certain d'être ambassadeur. La diplomatie me tente et pour un poste d'importance, je n'aurai que l'embarras du choix... Pourquoi diable! Victor Hugo a-t-il commis la maladresse de se tourner vers la République? Si je peux être ambassadeur, il eut été, lui, bien plus encore. Qui sait? Premier ministre. Ah! c'est bien malheureux, bien malheureux! Il a siégé à l'Assemblée constituante; le roi n'oubliera jamais cela...

— A ce compte, fit Vacquerie, votre ambassade est compromise; car, si je ne me trompe, vous avez aussi posé votre candidature à cette assemblée?

— C'est vrai, répondit Balzac, mais je suis tranquille.

— Ah!

— Oui, moi... je n'ai pas été élu!

CHAPITRE III

<center>~~~~~~~~</center>

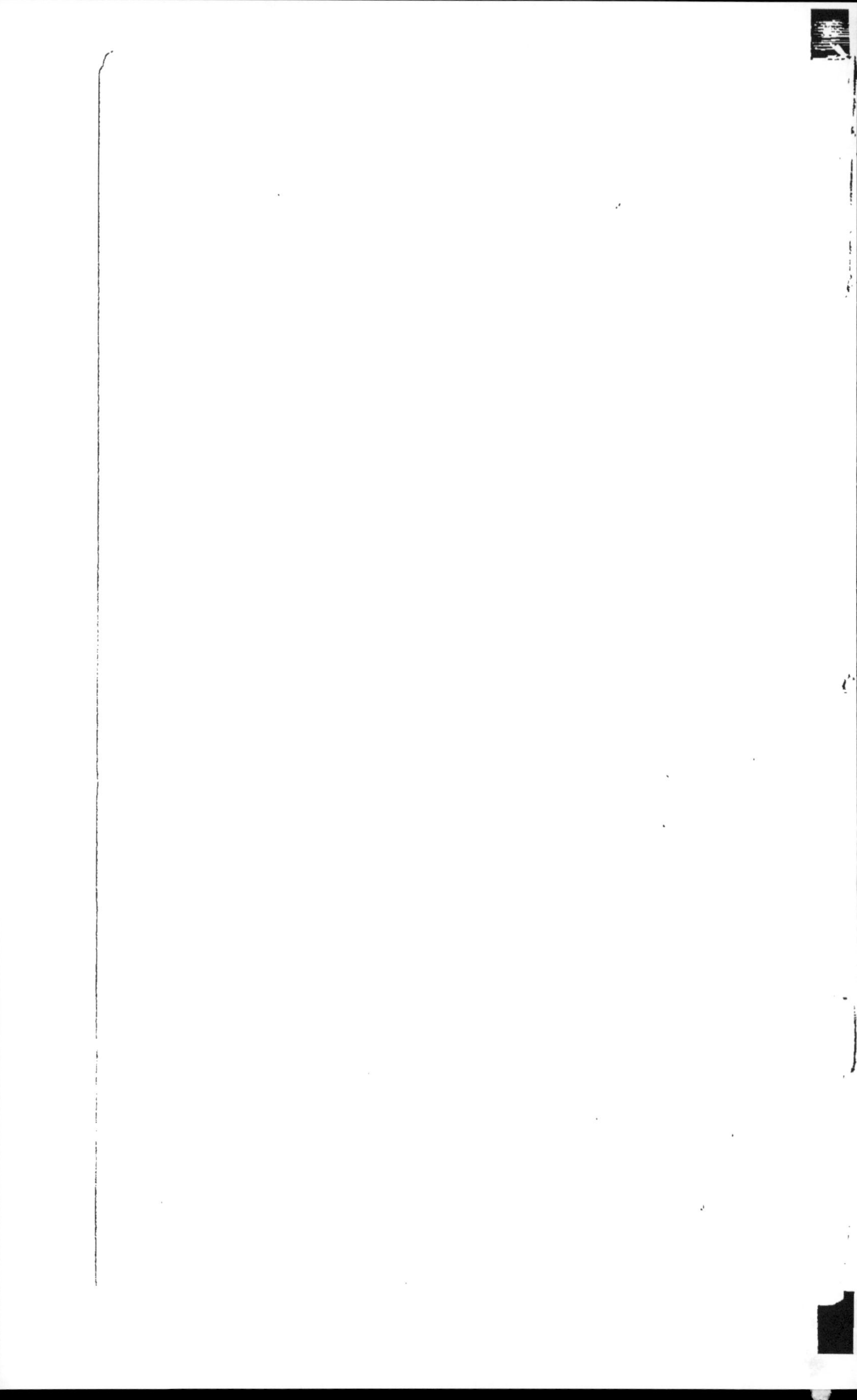

CHAPITRE III

Le 25 juillet 1848, les affiches de la Porte-
Saint-Martin annonçaient pour le soir la première représentation de *Tragaldabas.*

Ce nom fit écarquiller des yeux énormes aux
disciples de Ponsard, en faveur duquel ils
avaient déjà sifflé Victor Hugo.

Mais ce n'est pas tout; au-dessous de ce
nom, il y avait le mot : *comédie.* Or, il était à
craindre que personne n'eut envie de s'amuser,
à cette heure de rénovation sociale, où le peuple,
fatigué des quatre journées de juin, n'avait pas
encore eu le temps de rabattre ses manches,
de jeter ses armes et de jouir en paix de sa
victoire.

Avec ses becs de gaz tordus, ses pavés arra-
chés, ses taches de sang et ses milliers de
cadavres à peine refroidis, Paris, sombre et

morne, ressemblait à un immense tombeau; du reste, c'en était bien un : celui de la royauté.

Quoi qu'il en soit, le théâtre fut envahi, et bientôt un vent de tempête souffla dans la salle.

Il s'agissait d'écraser l'aigle à son premier essor; mais l'aigle a cela de bon que volant au-dessus des sots, il ne peut être atteint par eux.

Poètes, écrivains et critiques étaient à leur poste de combat.

Les fauteuils d'orchestre avaient Victor Hugo et ses deux fils, Paul Meurice, Saint-Victor, Théophile Gautier, Théodore de Banville, Édouard Thierry, Amédée Achard, Auguste Vitu, Achille Denis, Champfleury, Murger, Plouvier et plusieurs autres dont le talent, alors en incubation, s'est affirmé depuis.

Les loges avaient Balzac, George Sand, Alexandre Dumas, Alphonse Karr, Léon Gozlan, Félix Pyat et Émile de Girardin.

Je ne cite pas les adversaires de Vacquerie, comme Alfred de Musset et Ponsard, qui venaient avec l'espoir secret d'assister à un enterrement.

Le rideau se leva...

On sait ce que fut cette représentation : une

véritable bataille entre classiques et romantiques, impitoyable et féroce des deux côtés. Le quatrième acte vint encore augmenter l'ardeur de l'attaque.

« Toutefois — c'est l'auteur qui parle — ne calomnions pas même nos adversaires; le quatrième acte n'était pas du drame primitif; c'était Frédérick Lemaître qui, trouvant la pièce un peu maigre pour le vaste appétit du public de la Porte-Saint-Martin, habitué aux drames à dix services et aux indigestions de féeries, m'avait demandé d'ajouter un plat. Ce quatrième acte, rattaché après coup, faisait un nœud au fil de l'action... »

De plus, le grand comédien, déguisé en militaire, s'était affublé d'une ferraille qui se mit à grincer et à couvrir sa voix.

Mais ce n'est pas tout encore.

L'auteur, ayant à énumérer les ânes à faces humaines, n'avait pas omis les siffleurs. Ceux-ci répondirent par des huées; ce fut un vacarme énorme.

Champfleury, debout sur sa stalle et désignant quelqu'un qui sifflait dans une loge, s'écria au milieu du bruit : — Voilà l'âne!

Après la colère, la stupéfaction.

Frédérick Lemaître s'avança jusqu'au trou

du souffleur, fit trois saluts, réclama d'un geste
le silence et dit ces paroles mémorables :

« Citoyens et Messieurs, intéressés comme
désintéressés, c'est le moment plus que jamais
de crier : Vive la République ! »

On se regarda. — Et c'est sur cet effet inat-
tendu, au milieu d'un silence relatif, causé par
l'étonnement, que se termina cette curieuse
soirée.

On ne comprend pas aujourd'hui que cette
œuvre ait soulevé tant de colères.

C'est une des créations les plus éclatantes et
les plus originales de ce siècle.

Je ne sais s'il y a une comédie aussi complète
dans tout le répertoire du Théâtre-Français;
à coup sûr, il n'y en a pas de supérieure.

A côté de détails admirablement observés,
de vers profonds et de scènes d'une drôlerie
incroyable, on rencontre des choses délicieuses,
pleines de jeunesse, de grâce et de fraîcheur. —
Imaginez un rayon de soleil dans un vase de
cristal, et vous aurez une idée de *Tragaldabas*.

Cependant, il n'eut que treize représentations; mais c'est assez, c'est même beaucoup
pour un chef-d'œuvre : le *Roi s'amuse* n'alla pas
si loin.

Le lendemain de la première représentation, quelques feuilletonistes se donnèrent la joie de mordre les talons de l'auteur.

Ces morsures n'ont pas laissé de trace.

Jules Janin crut faire merveille en appelant ironiquement Vacquerie : Tragaldabas!

— Soit! répondit le poète, je suis Tragaldabas; vous, vous êtes l'*Ane mort!*

Parmi ceux qui défendirent la pièce, il faut citer Théodore de Banville, qui écrivait d'elle : « C'est la *comédie unique!* » Théophile Gautier, qui disait : « Le *porc au choux* deviendra légendaire comme la *tarte à la crème* »; et Auguste Vitu, qui termina son article par cette phrase : « Voilà le Falstaff de Vacquerie, — à quand son *Hamlet?* »

Après cela, qu'importe les insinuations d'Hippolyte Rolle.

Ce critique bizarre affirmait dans le *Constitutionnel* que Vacquerie était un nain singeant Victor Hugo de son mauvais côté; « comme lui, ajoutait-il, quand son génie s'égare ou s'abaisse, il se met les doigts dans le nez ».

Entre nous, je ne crois pas que Vacquerie ait la mauvaise habitude de se mettre les doigts dans le nez, et j'affirme qu'il n'a jamais imité personne, pas plus l'auteur de *Ruy-Blas* qu'un autre poète.

Il est *lui.*

Prétendre le contraire, c'est prouver qu'on ne l'a jamais lu sérieusement; combien même, de nos jours, critiquent son Théâtre sans en connaître le premier mot.

L'anecdote suivante se chargera de le démontrer.

Un chroniqueur du *Figaro,* écrivain remarquable, encore très lu et très aimé, désirait beaucoup voir Victor Hugo; il pria Vacquerie de le présenter au maître.

— Volontiers, répondit l'auteur de *Tragaldabas,* venez me prendre demain au *Rappel.*

Le journaliste fut exact au rendez-vous, et quelques minutes après tous les deux montèrent en voiture.

En route, on causa.

— C'est étrange, dit le chroniqueur du *Figaro,* comme on subit les influences du milieu où l'on se trouve. Ainsi, tenez! dans le milieu où j'étais, on passait sa vie à se moquer des œuvres romantiques en général et de *Tragaldabas* en particulier. Bientôt, je fis comme tout le monde; je me rappelle même certain article de moi dirigé contre cette fameuse pièce que je déclarais être une simple ineptie, l'élucubration d'un cerveau malade... Eh! bien, voulez-vous savoir la vérité?

— Voyons?

— La vérité est que je n'en avais pas lu un seul vers!

Mais bientôt de nouveaux devoirs s'imposèrent à Vacquerie.

A une époque comme la nôtre, où tout se transforme avec une rapidité vertigineuse, l'art pour l'art n'est plus possible.

Le poète ne doit pas être seulement un musicien, un joueur de flûte, un inventeur de rhythmes sonores; s'il n'est que cela, il n'est rien.

Il doit mettre sa voix au service des aspirations légitimes des peuples, et comme Tyrtée ranimait par ses chants le courage des Spartiates pendant la guerre de Messénie, il a pour mission première d'exciter nos enthousiasmes et d'enflammer nos espoirs dans les rudes combats de la civilisation.

Ce fils des dieux doit être un citoyen.

Vacquerie sentit si profondément cette vérité que saluant en Paris la capitale du monde intellectuel, la sentinelle avancée du progrès, il lui adressa des vers, magnifique profession de foi où le patriote s'affirme aussi nettement que le littérateur.

Pour les luttes modernes, la plume vaut l'épée, et le journal est le plus fécond et souvent le plus glorieux des champs de bataille.

Ce n'est pas le moins exempt de dangers.

En créant l'*Événement*, le 1er août 1848, Paul Meurice, Vacquerie, Charles et François Hugo n'ignoraient aucun des périls qui les menaçaient. Mais ils étaient prêts à tout braver.

En art et en politique, ils se vouèrent aux causes justes, bien décidés à mettre Caton au-dessus même des dieux, ne se déclarant point infaillibles, mais n'écoutant que leur conscience.

Avant d'être républicains, ils furent socialistes.

A cette époque, Louis Bonaparte aussi se déclarait socialiste; ils résolurent de le soutenir.

Le successeur des Césars s'inclinant devant la majesté nationale et remettant au peuple la couronne de lauriers — quel rêve bien fait pour séduire des poètes!

Hélas! ce n'était qu'un rêve.

Sans perdre de temps à pleurer sur leurs illusions, les rédacteurs de l'*Événement* avouérent noblement leur erreur, et comprenant que si la démocratie a besoin de chefs, elle ne peut pas se donner un maître, ils résolurent de défendre désormais à la lettre ce premier article du code républicain, inscrit d'ailleurs en tête de leur journal : « *Tout pour le peuple et par le peuple!* »

Belle parole!

Si belle que chacun s'en empare et que plus d'un tyran lui a dû son succès. Mais à l'*Événement* on était sincère. On aimait le peuple pour lui-même. On le servait sans arrière-pensée et de toutes les manières possibles, par dévouement, non par ambition.

Vacquerie s'occupait surtout du feuilleton théâtral :

« La forme dramatique, écrit-il, est la forme divine.

« Dieu est partout et ne se montre nulle part. Le grain de sable le possède, et le Mont-Blanc ne le connaît pas.

« Le poète dramatique est le grand invisible de la poésie. »

Cette conception magnifique nous reporte bien loin des théories actuelles.

Est-ce à dire que nos auteurs à la mode soient sans valeur?

Eh! non! Leurs visées sont moins hautes, voilà tout. Au lieu de nous transporter sur les pics inabordables, ils nous arrêtent à mi-côte, en des sites charmants.

Sachons gré à ceux qui n'ont pas les ailes de l'archange de ne pas se coller au dos les ailes d'Icare.

Les romantiques voulaient que le théâtre fût un phare; or, on en avait fait une lanterne dont *l'école du bon sens* s'efforçait d'aviver la flamme.

On appelait les premiers des *barbares;* leurs adversaires passaient pour entretenir le culte du grand art, mais au lieu d'élever la foule jusqu'à l'idéal, ils mettaient tout leur talent à rabaisser l'idéal au niveau des plus vulgaires compréhensions.

Vacquerie ne cessa pas de troubler leurs triomphes.

S'attaquant aux chefs, il ne ménagea point les coups.

L'ironie, la colère, tout lui fut bon.

Ses plaisanteries sifflaient et cinglaient comme les lanières d'un fouet.

Ses mots indignés marquaient comme un fer rouge.

Plein de mépris pour cette grossière poésie

bourgeoise qu'on présentait au peuple comme la sœur d'Apollon et des Muses, il prenait plaisir à la harceler. Il lui arrachait un à un ses oripeaux de théâtre, sa lyre de carton, ses étoiles de fer blanc, sa chevelure postiche; et l'exposant toute nue aux railleries publiques, il détaillait ses laideurs, la sécheresse hideuse de sa gorge flétrie, les difformités de son ventre stérile, la gaucherie de ses gestes, la lourdeur de son allure et les rides qui faisaient craquer son maquillage.

Alors, près de la malheureuse, plus endolorie par les rayons du grand jour que Marsyas par les ongles du dieu vengeur, il faisait apparaître l'inspiratrice d'Eschyle, de Shakespeare et de Victor Hugo, la déesse splendide du drame!

Mais tous les yeux ne sont pas aptes à contempler les beautés éternelles.

Les aigles seuls peuvent fixer le soleil.

Il fallut du temps, beaucoup de temps, pour que les conventions absurdes, les préjugés, les habitudes fussent vaincus.

Dans le tas de médiocrités hurlantes, la grande voix de Victor Hugo avait peine à se faire entendre et le drame ouvrait difficilement la porte des théâtres aux vrais poètes et aux vrais comédiens.

Les chefs-d'œuvre modernes attendaient patiemment que le goût se fût épuré.

Les artistes capables de les interpréter mouraient de faim.

Vacquerie ne manqua pas de plaider pour eux, et avec quelle éloquence !

Le 1er janvier 1849, il parlait en faveur de Madame Dorval.

Oui, Dorval et George étaient sans emploi ! Ces deux vaillantes, ces deux inspirées, dédaignées par les directeurs, oubliées du public, se débattaient contre la misère !

Si nous voulions faire une comparaison entre hier et aujourd'hui, entre la pauvreté de ces deux comédiennes d'élite et les richesses scandaleuses de certaines cabotines actuelles, qu'il est superflu de nommer, quel beau lieu commun nous aurions à développer là !

Mais nous ne sommes pas de ceux que les succès d'argent indignent ou émerveillent.

Nous n'en tenons aucun compte.

Dans toutes les sphères sociales il en est ainsi.

Est-ce que les plus grands savants sont les plus riches ?

Est-ce que les millions, même dans le commerce, vont toujours à l'intelligence et à l'intégrité ?

L'argent est aux habiles.

Quand l'homme de génie est doublé d'un homme d'affaires, nous l'applaudissons bien fort, car c'est un droit d'estimer ses peines ce qu'elles valent; il donne à tous un excellent exemple, il venge les faibles ou les maladroits et rend à l'art cet immense service de prouver aux Philistins qu'on peut avoir de l'imagination sans que les autres facultés en souffrent.

Pour ceux qui, dépourvus de talent, savent quand même gagner les faveurs publiques et la fortune, ils ne nous révoltent pas plus que les autres épiciers enrichis; et les vrais artistes, satisfaits d'une gloire plus haute, peuvent, en matière de consolation, leur appliquer cette parole de l'Écriture : « Ils ont reçu leur récompense; une récompense vaine, bien digne de leur néant! »

A la suite d'un article paru dans l'*Événement*, Vacquerie reçut de Madame Dorval la lettre suivante :

C'est avec toute mon âme que je vous remercie, monsieur. En vérité, je ne saurais vous dire combien j'ai été touchée de ce que vous avez écrit sur moi. C'est une bonne action que vous avez faite là. Ma famille et moi en avons été bien heureuses. Mais je serais trop orgueilleuse si je

*croyais mériter la moitié de vos éloges. Je fais
une large part à ce que je dois à votre bien-
veillante amitié; et dans ce qui me reste, je suis
on ne peut plus flattée d'obtenir la sympathie
d'un critique et d'un poète tels que vous. — Je
ne m'abuse pas. Je sais que je dois tout aux
grands poètes qui m'ont fait l'honneur de me
choisir pour être l'interprète de leurs œuvres;
— et quelles que soient les dernières années de
ma carrière dramatique, je la trouve glorieuse.
Je suis fière d'avoir compris avec mon cœur les
belles et touchantes pensées de leur génie...*

*Mais je ris, quand je pense à l'immensité qui
se trouve entre ce que vous dites et ce qu'on me
disait hier, chez moi. — Quelqu'un, qui paraît
très touché de ne me voir à aucun théâtre et
qui s'intéresse vivement à mes succès, me disait,
en cherchant à adoucir une conviction profonde
par l'inflexion de sa voix la plus attendrie :
— « C'est bien fait!... Oh! la vilaine qui nous a
attiré Marion Delorme et Angelo aux Français!!! »*

*Adieu, monsieur, rappelez-moi au souvenir de
Madame et de Monsieur Hugo, et croyez à tous
mes sentiments les plus affectueux.*

MARIE DORVAL.

L'auteur de *Tragaldabas* écrivit alors au ministre pour demander l'engagement immédiat
de Madame Dorval au Théâtre-Français; puis,
il fit signer sa lettre par tous ceux qui s'inté-
ressaient encore à l'art dramatique.

Cependant, quelques signatures désirées se faisaient attendre et la glorieuse comédienne, appelée en province, s'adressa de nouveau à son protecteur.

Elle lui disait :

..... Nous voilà déjà pas mal riches. — Vous êtes bien modeste de n'avoir pas mis votre nom encore ! Écrivez-le bien vite. Puis continuez-moi vos bienveillantes intentions. Vous avez mes intérêts les plus chers entre vos mains, puisque la réussite de ceci rendra ma petite famille plus heureuse... — Et puis, qui sait ? Nous pourrons peut-être retrouver encore une belle soirée, n'est-ce pas ?

J'ai vu M. Charles B..., il me sera dévoué, dit-il, aussitôt que cette lettre sera entre les mains du ministre, qui cédera, m'a-t-il assuré, à la rumeur publique, mais qui ne prendrait pas l'initiative vis-à-vis de Messieurs du Théâtre-Français qui sont bien maîtres chez eux.

Quand vous aurez d'autres signatures, mon bon Monsieur Vacquerie, vous le ferez savoir à la maison, et Madame Luguet, ma fille, viendra reprendre la lettre pour achever l'affaire et vous la renvoyer ensuite.

Je serais venue vous voir, mais voici que je pars ce soir pour jouer demain dimanche la Tisbé à Caen. Je serai ici dans dix jours. Ne m'oubliez pas.

*Vous êtes, vous et Monsieur Hugo, deux sau-
veurs pour moi. — Faites-lui mes tendres re-
merciements, et recevez l'assurance que pour lui
et pour vous mon dévouement, et mon amitié et
ma reconnaissance seront sans borne.*

MARIE DORVAL.

Au moment où le succès de la pétition pa-
raissait enfin assuré, Vacquerie apprenait l'af-
freuse nouvelle par ce billet de M. Merle, mari
de la pauvre grande artiste :

Mon cher et excellent confrère,

*En vous remerciant de tous vos bons soins et
de tous vos témoignages d'intérêt, j'ai à vous
annoncer la triste nouvelle de la mort de Madame
Dorval. Cette éminente artiste, cette haute intelligence que vous avez tant et si bien appréciée,
vient de rendre sa belle âme à Dieu, ce matin, à
midi et demi. C'est une grande perte pour l'art,
pour ses amis et pour sa famille. — Pendant
ses derniers jours elle n'a cessé d'exprimer sa
reconnaissance pour le mal que vous vous êtes
donné afin de lui faire rendre justice; elle vous
a béni dans sa dernière pensée, à laquelle elle
associait votre nom à celui de son auteur chéri :
Victor Hugo. — Vous et lui, mon cher Vacquerie, vivrez longtemps dans ma reconnaissance
et dans le souvenir de toute sa famille.*

Je vous serre la main de tout cœur.

MERLE.

La réponse de Vacquerie dans l'*Événement* se terminait ainsi :

... On laisse Antonin Moine se tuer et Madame Dorval mourir ; pour empêcher le peuple d'être matérialiste, on lui retire l'âme !...

Cet article est un chef-d'œuvre par la beauté du style, par la vigueur de certains mots frappés à la Tacite, par la noblesse touchante des sentiments qu'il exprime et par la grandeur de l'idée sociale qu'il affirme.

Vacquerie est républicain.

Vacquerie est démocrate.

Vacquerie est socialiste.

Mais on comprend, après avoir lu cette magnifique déclaration, quelle république le poète entrevoit !

Un peuple libre, pouvant donner essor à ses naturelles aspirations, guidé sur la route de ses destinées infinies par des chefs épris du beau et qui enseignent aux masses la religion des jouissances morales.

Chimère, dira-t-on !

Et pourquoi ?

Parce que la volonté fait défaut. Et ce manque de volonté vient d'un manque de foi.

Préchons le peuple sans relâche.

Quand il croira, il voudra.

Quand il aura vu l'idéal, il saura bien le réaliser.

« En aucun temps, écrivait encore excellemment Vacquerie, l'art n'a travaillé plus directement au labeur social. »

Mais il en coûte de tout donner ainsi à la chose publique, « vie et pensée ».

Les procès succèdent aux procès et l'*Événement* est ballotté de tribunal en tribunal, comme un canot dans une bourrasque.

Charles Hugo, quoique ou parce que défendu par son père, est condamné à six mois de prison pour un article sur la peine de mort.

Messieurs Erdan et Paradis, collaborateurs du journal, ne tardent pas à prendre le chemin de la Conciergerie.

Enfin, Paul Meurice et François Hugo, le premier comme gérant, le second comme auteur d'un premier-Paris sur l'expulsion des réfugiés, reçoivent neuf mois de prison, malgré les efforts de maîtres Desmarets et Crémieux.

Le journal, frappé d'une amende de six mille francs, est supprimé.

Mais avant de disparaître, Vacquerie lançait à ses amis cet adieu plein d'espérance : « A bientôt, camarades ! »

C'était la guerre! Eh! bien, on la ferait.

Qu'importe le danger!

C'est pour la France qu'on va se battre.

Qu'importe la défaite!

C'est l'honneur qu'on veut surtout sauver.

Vacquerie court au ministère.

Le préposé aux journaux le reçoit.

— Que demandez-vous?

— Je viens déposer le titre d'un journal.

— Quel est ce titre?

— L'*Avénement du Peuple*.

Le préposé aux journaux se retourne brusquement, veut parler, ne trouve rien à dire, hoche la tête en silence, puis après quelques minutes de réflexions profondes :

— L'*Avénement du Peuple*! C'est bien l'*Avénement du Peuple* que vous m'avez dit?

— Parfaitement.

— Ah!...

Nouveau silence de Monsieur le préposé. Il se mord les ongles en méditant. Ses yeux se dilatent et se ferment tour à tour.

Vacquerie attend, impassible.

Enfin, Monsieur le préposé se décide :

— Vous voulez ressusciter l'*Événement?*

— Vous croyez?

— J'en suis sûr.

— Ce n'est pas votre opinion que je demande, monsieur, c'est une autorisation dont j'ai besoin et que vous ne pouvez me refuser.

Le préposé regarde son interlocuteur, veut répondre, se gratte la tête pour favoriser l'inspiration, puis, tout-à-coup, se lève et disparaît.

Quelques instants après, Vacquerie se trouvait en présence d'un employé supérieur qui donna l'autorisation, en se contentant de dire : « Prenez garde ! »

Ce petit mot ne manquait pas d'éloquence.

Vacquerie prit si bien garde que l'*Avénement du Peuple* n'eut que quelques numéros.

Mais quels numéros !

Jamais plus belle tempête de sarcasmes n'assaillit un gouvernement.

L'esprit y souffle avec furie, soulevant des vagues étincelantes.

Les falaises du pouvoir, souffletées par cette blanche écume, gémirent dans leurs profondeurs.

Ce fut un *tolle* général contre ce déchaîneur d'ouragans.

Les juges courroucés lui infligèrent mille francs d'amende et six mois de prison.

Parmi les chefs d'accusation, il s'en trouvait un *entraînant la peine de mort.*

On voit que si les procureurs généraux ont du zèle, les magistrats ont de la clémence.

En s'écriant : « A bientôt, camarades! » Vacquerie ne croyait peut-être pas si bien dire.

Les six rédacteurs de l'*Événement* dormaient déjà à l'ombre, sous les verroux; — leur collaborateur les rejoignit.

C'était dans l'ordre.

Qu'avait-il à regretter, en somme?

Sa tâche n'était-elle pas remplie?

Quand le coup d'État est chose faite, quand Victor Hugo prend la route de l'exil, Vacquerie ne peut ambitionner qu'une récompense : un cachot!

CHAPITRE IV

CHAPITRE IV

Nouvelle lettre inédite de Victor Hugo. — La Librairie universelle.
— Départ pour l'exil. — *Profils et Grimaces.* — Le Style et la
Pensée. — Alfred de Musset. — Le Triomphe d'un critique.

Le journaliste prisonnier recouvra sa liberté
le 8 mai 1852.

Victor Hugo lui écrivit de Bruxelles le même
jour :

Mon cher Auguste,

*C'est aujourd'hui le grand jour. Vous sortez,
Louis Bonaparte devrait sortir en même temps
que vous, mais pour l'instant la Providence en a
décidé autrement.*

*Je veux que cette lettre vous trouve demain
matin chez vous, et vous souhaite le bonjour à
votre réveil. — Nous sommes heureux, Charles
et moi, de vous voir hors de prison; pour vous
d'abord qui pourrez respirez à pleins poumons ce
qui reste d'air en France; pour nous, ensuite,
qui allons, j'espère, vous revoir bientôt. Nous
sommes ici le pied sur la branche. Il y a une
sorte de persécution contre les proscrits français,*

persécution à laquelle j'échappe, je ne sais trop pourquoi.

Serait-ce le nom?

Cependant, je m'attends d'un instant à l'autre à recevoir quelque invitation polie à la suite de laquelle je m'en irai.

Les journaux ont annoncé que j'étais à Jersey. Pas encore, mais bientôt...

Vous serez libre pour la grande mascarade du 10 mars. On en parle beaucoup ici. Force Belges font à cette occasion le voyage de Paris pour aller contempler de près l'éclat des lampions et des sénateurs. — A propos, est-ce que c'est vrai? On dit que Cousin manque aux saines lois de la platitude et refuse de prêter serment!

J'admire!

J'ai reçu une nouvelle lettre de Londres qui m'annonce que mon idée de librairie universelle va bien. J'attends un Anglais, nommé Piddipson, pour jeter les bases. Mon livre sera le premier ouvrage publié. Cette librairie serait l'usine intellectuelle du monde entier, la France soufflant la forge.

Vous avez dû, cher ami, faire de belles choses dans votre prison. Vous aurez un de ces jours, comme Paul Meurice, une grande acclamation de votre nom et un grand succès aussi.

Faites vite, et venez nous rejoindre bientôt.

Chose étrange qu'il y ait à cette heure en France un homme auquel on puisse dire : Vous êtes libre! Je me dépêche de vous le dire, pour la *curiosité du fait, ce mois, 8 mai. — Vous, de votre côté, dépêchez-vous de mettre votre liberté en sûreté dans l'exil.*

Je vous serre les deux mains.

VICTOR HUGO.

Cette lettre est intéressante à plus d'un titre, mais le projet du maître désireux de fonder une librairie universelle, n'est-il pas surtout digne de remarque ?

Tous les grands génies, ces voyants, ont le sens intime des lois éternelles. Ils savent que les forces éparses doivent se réunir pour former une force réellement féconde.

Ils sont tous centralisateurs.

Hugo l'était comme Napoléon, mais à un point de vue différent. L'empereur ne songeait qu'aux conquêtes matérielles ; le poète ne voyait que les conquêtes de l'intelligence ; et pour les victoires philosophiques et littéraires, il voulait réunir en un point la grande armée des penseurs, créer l'arsenal formidable des livres.

L'antiquité avait eu la bibliothèque d'Alexandrie, amas colossal de toutes les idées du passé. Nous aurions eu, grâce à l'auteur de la *Légende*, la bibliothèque des temps modernes, prodigieux assemblage des idées de l'avenir.

De tous les rayons auquel l'homme se réchauffe, l'Homère français eût fait un vivifiant soleil.

Avec le temps, cet astre se formera de lui-même.

La critique condense chaque jour l'immense nébuleuse de laquelle on le verra surgir; elle élimine les matériaux périssables et rapproche ceux qui dureront toujours.

Nous avons perdu, sans doute, à ce que le vœu de Hugo ne se réalisât pas, mais lui n'a rien perdu.

Son œuvre, maintenant, comme alors, surpasse toutes les autres; elle reste le noyau des clartés qui nous enchantent. Et le seul honneur que puisse ambitionner un écrivain, c'est de briller encore auprès de ce foyer.

C'est la gloire d'Auguste Vacquerie. Il n'est pas seulement l'ami du maître, le premier de ses disciples; il est souvent son émule.

On aime à voir ces deux hommes si bien faits pour se comprendre, si dignes l'un de l'autre, réunis par les mêmes enthousiasmes, par les mêmes douleurs, par les mêmes deuils et les mêmes espérances.

Aussitôt libre, Vacquerie s'empressa de régler à Paris toutes les affaires qui pouvaient l'y retenir, comme, par exemple, la vente des meubles de Victor Hugo, et le lendemain il partait pour Jersey.

Exilé de France et de Belgique, l'auteur de *Napoléon le petit* ne tardera pas, non plus, à quitter Jersey, par ordre du gouvernement.

Vacquerie le suivra alors à Guernesey et nous les retrouverons enfin tous les deux à Hauteville-House, achevant en paix les travaux commencés.

Victor Hugo termine le plan des *Misérables;* Auguste Vacquerie corrige les épreuves de *Profils et Grimaces.*

Ce dernier livre parut en 1856.

Son succès foudroyant n'a fait que croître avec les années.

C'est désormais un chef-d'œuvre classique.

Il n'y a pas d'ouvrage qui soulève plus de questions audacieuses, qui résolve plus de problèmes, qui fasse davantage penser.

Vacquerie y plane sur ces trois sommets : l'art, l'histoire, la métaphysique.

On peut n'être pas d'accord avec lui sur toutes les questions, mais on ne peut s'empêcher de l'applaudir.

Il y a, dans ce volume, des pages où le fond

et la forme s'unissent dans une égale perfection pour éblouir et charmer.

Le fond et la forme!

L'auteur ne les sépare pas. — Et il a bien raison, puisqu'il le peut.

« Le style, écrit-il, n'existe pas plus sans l'idée, que l'idée sans le style. »

A merveille! Mais si les grands, les vrais, les seuls poètes, sont ceux dont la pensée et le style ont la même beauté, il n'en est pas moins certain que trop souvent l'humanité s'est laissé prendre à de faux poètes qui savaient harmonieusement habiller de déplorables banalités.

Que le style soit un mâle et la pensée une femelle sans l'accouplement desquels il n'y aura pas de création durable, cela ne souffre pas la discussion. Mais, n'en déplaise à l'illustre écrivain, ils ne sont pas une seule et même chose.

Leur séparation est regrettable; elle ne se voit que trop souvent.

Qu'est-ce que l'art grec? De la forme.

Qu'est-ce que l'art chrétien? De la pensée.

Il y a bien aussi de la forme dans celui-ci, mais imitée de l'autre.

Il y a bien quelque idée dans celui-là, mais si peu, et toujours la même!

Ne soyons pas injustes pour certains maîtres, parfois impuissants à traduire ce qu'ils pensent.

Il y en a.

Vacquerie raille à miracle « ces fiers penseurs crevant d'imaginations qu'ils ne pouvaient faire sortir, ayant trop d'idées pour pouvoir en exprimer une seule, Shakespeare vagissants, énormes prisonniers de la syllabe... »

Toute la tirade est aussi juste qu'étincelante, à la condition de n'être pas prise trop à la lettre.

Un exemple.

Claude Bernard n'avait pas de songeries vagues; rien de plus net, de plus précis, en même temps rien de plus beau que les trouvailles de sa puissante imagination?

Eh! bien, le mot de Vacquerie : « avoir trop d'idées pour pouvoir en exprimer une seule », lui convient admirablement.

Ses cours étaient inintelligibles, excepté pour de rares initiés. Il bredouillait horriblement et n'arrivait jamais à prononcer une phrase.

Comme il était bien de la race de ceux qui *font des enfants*, rentré chez lui, dans le silence de son cabinet d'études, la plume à la main et *avec beaucoup de peine*, il arrivait à donner la vie extérieure à ses créations intimes; mais la lutte incessante de la pensée pour trouver le mot qui l'exprime, est la preuve indéniable qu'en art le fond et la forme ne sont pas une seule et même chose.

Rousseau n'a-t-il pas dit que ses idées lui coûtaient beaucoup à rendre.

Musset n'a pas pris tant de peine.

Lui refusera-t-on pour cela le titre de poëte?

Vacquerie se montre sévère pour lui.

Ses œuvres, où sa personnalité féminine, maladive et nerveuse domine, ont les qualités et les défauts de leur temps : élégantes et sceptiques, d'une gaîté fausse, d'une joie amère, d'une tristesse vague, elles agitent sans rire tous les grelots de la folie, arrosant de pleurs la coupe dorée des festins.

Ne dites pas que Musset est impuissant. Ses créations vivent encore. Mais ses fils sont pâles et chétifs comme leur père; ils sont dévorés par son mal, le plus douloureux, le plus terrible de tous : le pessimisme.

Avant de jeter la pierre à ce malheureux poëte, songeons à ceux qui lui ont succédé.

Quand Vacquerie, tout débordant de foi et d'enthousiasme, lui demande, dans une sainte colère, ce qu'il a fait de son génie, et lui reproche si éloquemment ses faiblesses, il fait le

procès moins à Alfred de Musset qu'à son
siècle, à ce magnifique dix-neuvième siècle que
l'art, le peuple et Dieu lui-même semblaient
emporter vers les régions sublimes de la vérité
complète, mais qui, blessé profondément déjà
par une flèche partie d'outre-Rhin, n'était plus
apte à respirer l'air des cîmes.

L'influence de Gœthe se faisait déjà sentir.

Le souffle empoisonné de Shopenauër em-
pestait déjà la France.

Ah! depuis Musset, quel effrayant progrès
du pessimisme.

Ce n'est plus le doute cruel, interrogeant
l'espace et le temps, la douleur et le plaisir, ne
trouvant nulle part le mot de l'énigme, le mot
libérateur, mais, jusque dans ses anathèmes,
lançant des cris d'adoration.

Non, ce n'est plus le doute.

C'est la négation absolue et froide, négation
de Dieu, négation de l'âme, négation du progrès, négation du beau, négation du devoir.

Voilà dans quelle nuit va peut-être sombrer
le dix-neuvième siècle dont l'aurore illumina
l'univers.

L'auteur de *Profils et Grimaces* ne prévoyait
pas alors ces horizons sinistres.

Il eut été plus indulgent pour *Rolla*.

Vacquerie reproche encore à Musset de n'avoir pas suivi son siècle; mais lui non plus, et c'est sa gloire, ne l'a pas suivi.

Il eut assez de virilité pour résister aux entraînements néfastes.

Il a cru toujours et quand même.

Sous l'Empire, il a cru à la liberté;

Sous la Commune, il a cru au peuple;

Parmi les flots montant du naturalisme, il a proclamé l'idéal.

En somme, il est en opposition avec le siècle athée.

Mais ce vaincu sera le vainqueur de demain.

La postérité fera justice des monstrueuses doctrines qui désolent aujourd'hui le monde; une religion nouvelle surgira des religions en ruine, et alors on relira les pages éclatantes où Vacquerie annonce qu'à l'athéisme philosophique du dix-huitième siècle, succédera le lumineux déisme que l'imagination réclame et que les sciences pourront accepter.

Quand un critique d'art est doublé d'un tel philosophe, ceux-là même qu'il discute le plus sévèrement ne sauraient lui garder rancune.

Aussi n'est-on pas étonné de voir l'amitié qui règne entre Vacquerie et Émile Augier.

Augier ne se borna pas à pardonner les vives

critiques du feuilletoniste de l'*Événement*, il se convertit à sa doctrine; ainsi, l'auteur du *Fils de Giboyer* se réconcilia doublement avec l'auteur de *Jean Baudry*.

Ponsard n'avait pas l'envergure assez vaste pour s'élever comme Augier, d'un bond, aux cîmes bleues de l'idéalisme; mais il comprit que la vérité littéraire n'était pas de son côté.

Il le reconnaît loyalement, noblement, non sans une certaine pointe de mélancolie, dans une lettre écrite au lendemain de la première représentation d'*Horace et Lydie* :

Je n'ai trouvé d'amis que chez mes ex-ennemis, disait Ponsard : Gautier, Meurice et vous. Mais je n'ai pas perdu au change. Les autres s'étaient servi de moi, mais ne m'avaient jamais franchement accepté. Je crains bien qu'au fond ils ne détestent la poésie.

Ponsard, lui aussi, fit mieux que de reconnaître le criterium de ses adversaires, il écrivit *Charlotte Corday*; il passait donc de la théorie à la pratique. Ce drame n'est pas un chef-d'œuvre, mais c'est assurément la plus remarquable des pièces de Ponsard.

Quel triomphe pour un critique, et quel rôle : forcer les convictions et agrandir les talents!

De tels résultats sont si rares que Vacquerie semble en avoir gardé le secret.

Publié pendant l'exil, le livre de *Profils et Grimaces* lui était antérieur. Mais le séjour de l'auteur en Angleterre ne fut pas inactif. Nous lui devons : *Souvent homme varie*, les *Funérailles de l'Honneur*, les *Miettes de l'Histoire*, et d'autres œuvres encore dont il nous reste à parler.

CHAPITRE V

CHAPITRE V

Arsène Houssaye était alors administrateur de la Comédie-Française : c'est dire que les vrais poètes avaient encore quelque chance d'être, tôt ou tard, accueillis favorablement dans la maison de Molière.

En tout cas, ils pouvaient, sans déchoir, aller frapper à sa porte et réclamer l'honneur de faire combattre leurs personnages sur le champ de bataille littéraire qui vit passer, au milieu des acclamations de la foule : Rodrigue, Alceste, Figaro, Hernani et Saint-Mégrin.

L'auteur de *Tragaldabas* avait déjà demandé à Rachel de vouloir bien entendre la lecture d'un drame en vers : le *Faiseur de Rois,* qui devait n'être joué que trente-cinq ans plus tard, sous le titre de *Formosa.*

La fameuse tragédienne répondit au jeune

poète sur une feuille de papier à bandes. d'or, portant cette fière devise : *Tout ou rien!*

Monsieur,

Tous les jours je suis chez moi de quatre à six heures; mes répétitions au Théâtre-Français ne me laissent pas libre avant. Je serai fort heureuse d'entendre une pièce que vous espérez devoir être un succès pour moi.

Recevez, monsieur, l'expression de mes sentiments distingués.

RACHEL.

L'écrivain propose et la censure dispose.

Grâce à celle-ci, le succès n'a pas été pour Rachel, en 1850, mais pour Mademoiselle Tessandier, en 1884.

Une heure vint, cependant, où cette bonne censure impériale laissa le Théâtre-Français libre de représenter le *Faiseur de Rois.* Mais Vacquerie avait déjà lu au comité une autre pièce, purement littéraire, qu'il aima mieux faire jouer d'abord.

« Au moins, pensait-il, on reconnaîtra que la religion, l'ordre, la famille et la propriété n'ont cette fois rien à craindre. »

En effet, *Souvent homme varie* est simplement une fable adorable d'où les vers amoureux s'envolent à tire-d'ailes.

La première représentation de cette comédie eut lieu le 2 mai 1859, et dans la salle comme dans la presse on n'entendit que des bravos.

L'impétueux auteur de *Profils et Grimaces* démontra sans peine qu'il pouvait, au besoin, être le plus délicat des poètes.

Quelle pureté dans les sentiments, quelle jeunesse dans les idées et quelle science dans les vers !

Mais Vacquerie ne se tint pas pour satisfait; ses bras avaient besoin d'enlacements plus vigoureux et ses lèvres de baisers plus chauds.

Après avoir fécondé Thalie, la rieuse aux cheveux d'or, il appela Melpomène, la muse farouche, et de cette nouvelle union naquit bientôt un enfant que les spectateurs de la Porte-Saint-Martin regardèrent avec effroi.

C'est, en effet, à ce théâtre — le 30 mars 1861 — que furent représentées les *Funérailles de l'Honneur*.

Les funérailles de l'honneur ! beau titre ; mais, à cette époque, titre dangereux.

Ah ! certes, il était imprudent de glorifier l'honneur après le triomphe du parjure, et de lui faire des funérailles grandioses, alors que toutes les fanfares saluaient le fils de la reine Hortense.

Les habitués de la cour s'indignèrent, M. Joseph Prudhomme tira du fourreau son vieux sabre de garde-national, les roquets de la presse bien pensante aboyèrent aux talons du trop audacieux écrivain; les *cocottes* crièrent à l'immoralité et les admirateurs du *Pied de mouton* se cabrèrent tout droit!

Empressons-nous d'ajouter que d'autres eurent le courage de répondre à ces sifflets par des applaudissements et d'imposer silence à ces sottes clameurs par de chaleureuses acclamations.

Nous n'analysons pas les pièces de Vacquerie, tout le monde les a lues ou les a vu jouer. — Mais qu'on nous permette de rappeler ici le dénouement des *Funérailles de l'Honneur* : un dénouement dont la hardiesse et la grandeur sont incomparables!

Nous sommes dans le cimetière d'un cloître.

Doña Beatriz et son fils don Jorge sont en présence; lutte poignante et terrible, pleine des larmes et des sanglots de la mère, coupable d'être la maîtresse du roi, pleine aussi des révoltes superbes de l'enfant qui veut se faire le justicier de son honneur.

Un mort doit être enterré devant don Pèdre lui-même et toute la cour.

Bientôt, le tintement des cloches annonce le commencement des funérailles.

Les moines entrent, puis la bière, puis don Pèdre et tout le cortège royal.

— Où est le cadavre? demande le roi.

— Je vais vous le dire, répond don Jorge. « Si c'était ma chair qui eût péri, les yeux n'auraient pas assez de larmes et la bouche pas assez de psaumes. Mais la partie supérieure de mon être : la joie, l'espérance, le nom rayonnant, la fierté que j'avais au front comme un panache, qu'est cela pour être pleuré? Moi je pense autrement. J'estime mon âme autant que mon corps, et mon honneur était ma vraie vie. Donc, le cloître a été tendu de noir, et les cierges se sont allumés par milliers, et les cloches ont sangloté. Ce spectacle aura été donné une fois d'un homme qui regarde la honte comme la la mort, et qui fait des funérailles à son honneur! — Descendez le cercueil. »

Ah! quel drame merveilleux et quelle idée sublime s'en dégage!

— Soit! objecteront les admirateurs de M. Audran, mais dans tout cela il n'y a pas assez de *modernisme*, pas assez de maillots, pas assez de flons-flons; c'est trop grand, trop pur, trop inspiré!

Hélas! oui. Si les *Funérailles de l'Honneur* n'eurent que onze représentations, « c'est qu'on n'y danse pas le cancan, » comme l'écrivait Théophile Gautier au *Moniteur;* « c'est que ce drame est de trop grande maison. Il est le neveu d'*Hernani* et le cousin des *Sept infants de Lara,* » comme le disait Paul de Saint-Victor dans la *Presse;* c'est aussi, devons-nous ajouter, parce que la direction du théâtre s'effraya.

En somme, les sifflets étaient dominés par les applaudissements, et la vraie foule arrivait, se dégelant peu à peu et se remettant du *Pied de mouton.*

Or, le directeur de la Porte-Saint-Martin ne s'attendait qu'à un succès d'estime qui l'aurait mené au 1er mai, jour fixé dans la sagesse de ses desseins pour la reprise d'une rengaine quelconque.

« Et voilà, écrit Mario Proth, qu'au lieu d'un succès d'estime, chauffe un grand succès... « Voilà que l'on ne pourra plus dire à la littérature : Tu es une rêveuse, et le public ne veut pas de toi, passe ton chemin!.. »

Il faut mettre ordre à cela — en retirant de l'affiche les *Funérailles de l'Honneur;* et on les retira, en effet! Une vilenie, quoi!

Deux ans après, Auguste Vacquerie publia les *Miettes de l'Histoire*.

Ces *Miettes*, selon le mot de Louis Ulbach, furent la saveur du pain de l'exil.

La légende de *Madame Hélène*, le chapitre sur *les émigrés*, l'étude consacrée à Châteaubriand, la *réponse au sifflet*, *l'innocence des arbres*... — j'en passe et des meilleurs! — eurent bientôt fait de se gagner les sympathies de ceux qui aiment à rencontrer à la fois dans un même volume de l'originalité, de la finesse, de la force et de l'érudition.

Les *Miettes de l'Histoire* rapportent un souvenir curieux : « Madame de Girardin alla visiter les illustres exilés, et, durant son séjour en Angleterre, elle s'ingénia, le soir, à faire parler des tables. Mais, d'abord, personne n'eut confiance.

« Pour ma part, dit Vacquerie, j'étais déterminé à douter jusqu'à l'injure! »

Bientôt, cependant, Madame de Girardin se trouva en communication avec un esprit.

— Qui est-tu, toi? demanda-t-elle.

La table répondit le nom d'une morte, vivante dans le cœur de tous ceux qui étaient là.

La défiance renonçait.

« Personne, déclare Vacquerie, n'aurait eu

le front de se faire devant nous un tréteau de cette tombe. Une mystification était déjà bien difficile à admettre, mais une infamie! Le soupçon se serait méprisé lui-même. »

Les termes qu'il emploie pour qualifier celle qui se serait servi en cette circonstance du nom de Léopoldine Hugo, dans le seul but d'augmenter la confusion de ses auditeurs, ne me permet pas de dire toute ma pensée...

Et cependant!...

Mais pourquoi insister, puisque l'auteur des *Miettes de l'Histoire* ajoute plus loin :

« Si l'on me demandait ma solution, j'hésiterais... La certitude est si peu naturelle à l'homme qu'on doute même des choses qu'on a vues de ses yeux et touchées de ses mains. J'ai trouvé saint Thomas bien crédule. »

Ce maître écrivain faisait mieux que de croire aux esprits, il en créait.

Jorge de Lara en est un superbe, Jean Baudry en est un autre, digne du premier.

C'est au Théâtre-Français, le 19 octobre 1863, que fut joué *Jean Baudry*.

L'idée de cette pièce est résumée dans une phrase : « J'ai toujours pensé qu'un homme n'est quitte envers Dieu qu'après avoir fait pour un autre ce que Dieu a fait pour lui. »

Olivier a été recueilli et élevé par Baudry; c'est une nature farouche, une âme travaillée par le mal.

Un jour vient où ces deux hommes aiment la même femme.

Leur rivalité amène une lutte terrible. Mais bientôt, Baudry se sacrifie.

Le cœur qu'il a fait à Olivier, il ne peut se résoudre à le briser. Non; il mariera ce jeune homme, il terminera son œuvre de dévouement par une renonciation sublime, et s'en ira ensuite bien loin, cacher ses larmes.

Le dénouement de *Jean Baudry*, si bien fait pour plaire aux délicats et aux passionnés de l'art, ne fut pas accepté par George Sand :

Le vrai peut quelquefois n'être pas vraisemblable.

Elle écrivit à l'auteur une longue lettre où nous lisons ceci :

..... Le sujet est neuf, hardi et beau. Je trouve un seul reproche à la manière dont vous l'avez déroulé et dénoué : c'est que la brave et bonne Andrée ne se mette pas tout à coup à aimer Jean à la fin, et qu'elle ne réponde pas à son dernier mot : « Oui, ramenez Olivier, car je ne l'aime plus, et votre femme l'adoptera ; ou bien guérissez-le, corrigez-le et revenez sans lui... »

Ce à quoi Vacquerie répondit :

..... Il me semble que Jean Baudry serait considérablement diminué, et avec lui l'enseignement qu'il personnifie, s'il était aimé d'Andrée à la fin. Je doute que Roméo et Juliette fussent touchants à perpétuité s'ils s'étaient mariés tranquilles et s'ils avaient eu beaucoup d'enfants. Je ne repousse pas absolument les dénouements heureux, mais je les crois d'abord moins vrais, ensuite moins efficaces. Je vous avoue que Tartuffe cesse presque de m'être odieux au moment où on l'arrête.

La moralité n'est pas dans le fait, mais dans l'impression du fait. Puisque vous regrettez que Jean Baudry ne soit pas heureux, l'impression finale est donc pour la vertu....

La majorité donna raison à Vacquerie, et sa pièce fut acclamée — comme si ce n'était pas un chef-d'œuvre !...

Il faut le dire bien haut, *ad perpetuam rei memoriam !*

Vacquerie ne s'arrêta pas en si beau chemin ; après cette éclatante victoire, il se remit à l'œuvre, et le 30 octobre 1866, au même théâtre, il livra une nouvelle bataille.

La presse ne fut pas moins élogieuse et la foule pas moins empressée.

Le poëte triomphait définitivement de ses adversaires, et par la seule puissance de son génie s'imposait à l'admiration de tous.

Rien de simple et d'émouvant comme le sujet du *Fils*.

L'héroïne est bien un peu sœur de doña Beatriz de Lara, mais les temps sont changés, les lois sont devenues moins féroces, les caractères moins impérieux, les passions moins farouches, et cette fois la mère coupable ne meurt pas pour expier sa faute : elle vit comme par le passé avec son enfant, heureuse et pardonnée!

Elle dit ce mot qui résume la pensée de l'auteur : « Rien n'est irréparable ».

Auguste Vacquerie a cette qualité rare d'être *vrai* sans cesser d'être *grand*.

Il s'approche avec joie des humbles et des malheureux, des faibles et des malades, pour les relever, les fortifier et les transfigurer.

A l'un, il trouve une excuse; à l'autre, il donne une ambition; à celui-ci, il verse un baume; à celui-là, il prêche un devoir.

Il va sans fatigue, sans trouble, sans colère, sans dédain « des astres aux pavés »; il veut

Que le prêtre du beau soit le soldat du juste !

Le pardon qu'il fait accorder dans son œuvre à la mère repentie, il le demandera bientôt, dans le *Rappel*, pour toutes les fautes — car toutes les fautes viennent de l'ignorance.

« Ne frappons pas, éclairons! pense-t-il, ne faisons pas de lois impitoyables. C'est bien assez des défaites, des misères et des deuils dont le sort nous menace à chaque pas. »

Auguste Vacquerie, en effet, ne fut pas épargné.

En 1867, après la mort de sa mère, il reçut de Victor Hugo le billet suivant :

Votre cœur ne peut pas être frappé sans que le mien saigne. Cher Auguste, votre vénérable mère était pour moi comme une sœur de destinée et de deuil.

Je la pleure.

Que d'âmes douces et tendres au-dessus de nous, dans le bleu sombre de la mort !

Regardez-les avec l'œil de votre grand esprit.

Vous les voyez, n'est-ce pas?

Moi aussi.

Aimons-nous.

V...

Bientôt, Vacquerie se releva plus vaillant, plus audacieux que jamais.

Il s'agissait alors d'écraser la bande impériale, et il fut le premier à jeter le cri de guerre.

Sonder la conscience des tripoteurs effrontés, des ruffians de tout étage et des ministres de l'alcôve; regarder la honte en face pour la faire reculer, telle est la tâche qu'il se donne et qu'il commence le 27 avril 1869.

C'est en effet ce jour-là que parut le *Rappel*.

La bataille est livrée; essayons maintenant de la décrire et de juger les coups.

CHAPITRE VI

CHAPITRE VI

Les fondateurs du *Rappel* : Auguste Vacquerie, Paul Meurice, Henri Rochefort, Charles et François Hugo, demandèrent au poète des *Châtiments* de présenter leur journal au public.

Le Maître accepta, et, bientôt, ils reçurent de Hauteville-House une lettre admirable qui fit explosion dans le premier numéro.

Elle débutait ainsi :

Aucune générosité ne manquera à votre œuvre. Vous donnerez le mot d'ordre de l'espérance à cette admirable jeunesse d'aujourd'hui qui a sur le front la candeur loyale de l'avenir.

Ainsi encouragés, Meurice et Rochefort, Charles et François Hugo, allèrent au combat avec un élan merveilleux, sans forfanterie comme sans peur, toujours graves, toujours prompts à la riposte, et drapeau déployé!

Auguste Vacquerie marchait à côté d'eux fraternellement, fier d'avoir de tels compagnons, armé d'une ironie implacable, fort de son droit et sûr de ses coups.

Il dédaigne de tirer dans le tas; mais qu'un gaillard bien trempé et de force à se défendre paraisse devant lui, alors il épaule, vise et fait feu!

Jamais il ne manque son homme, que l'on voit bientôt s'éloigner avec du plomb dans la patte.

Il ne cherche qu'à blesser; tuer un adversaire avec certains projectiles, comme l'injure ou la calomnie, n'est pas dans ses habitudes.

Il laisse aux capitaines Fracasse du journalisme la gloire peu enviable que l'on retire de ces sortes de duels, où la férocité du vainqueur fait oublier les fautes du vaincu.

Et puis, derrière les hommes, il y a les institutions; ce sont elles surtout que Vacquerie veut atteindre.

Derrière l'empereur, il y a l'Empire avec ses assassinats, ses trahisons et ses lâchetés; derrière les généraux, il y a l'armée avec ses réglements moins faits pour prévenir que pour abêtir, et ses conseils de guerre moins faits pour juger que pour tuer; derrière le pape, il y a le cléricalisme avec ses mensonges, ses ruses, ses *te deum* payés et ses goupillons pleins de sang!

C'est à cela que le rédacteur du *Rappel* en veut; c'est contre cela qu'il bataille avec une étonnante souplesse et une incomparable énergie.

En 1869, après les coups de clairon de Gambetta, les coups de cloche de Louis Ulbach et les jets de lumière qui s'échappaient de la *Lanterne*, le peuple, réveillé de sa longue léthargie, n'attendait pour se lever que le signal du combat.

Ce signal, ce fut le roulement de tambour d'Auguste Vacquerie.

Désormais, le *Rappel* n'aura qu'à faire attention!

Les ministres envoient des ordres aux magistrats, les magistrats au préfet de police, et le préfet de police à ses agents.

Mais le *Rappel* n'a pas peur.

Les menace excitent sa verve et le danger double ses forces.

Comme bien vous pensez, certains articles faisaient un bruit énorme, mais ils ne pouvaient donner lieu à des poursuites judiciaires. D'autres, plus directs et plus menaçants, provoquèrent des procès maladroits et de sottes condamnations.

C'est ainsi que Charles Hugo fut condamné à quatre mois de prison et mille francs d'amende pour avoir rappelé les officiers français à la fraternité.

Hélas! les écrivains du *Rappel* ne furent que trop vengés, quand le trône impérial s'effondra dans la boue de Sedan, quand

> ..... Tous ces chefs de guerre : Héristal, Charlemagne,
> Charles Martel, Turenne, effroi de l'Allemagne,
> Condé, Villars, fameux par un si fier succès,
> Cet Achille, Kléber; ce Scipion, Desaix,
> Napoléon, plus grand que César et Pompée,
> Par la main d'un bandit rendirent leur épée.

Le 4 septembre, Auguste Vacquerie, devenu rédacteur en chef du *Rappel*, appuie le gouvernement de la défense nationale, et le 18 mars il se range du côté de Paris contre l'Assemblée.

Plus tard, la colonne Vendôme est abattue, les otages sont fusillés, et Paris a des convulsions d'agonisant.

L'armée versaillaise braque sur lui ses mitrailleuses, et l'armée des rebelles l'enveloppe de ses milliers de bras qui brandissent des torches incendiaires.

Soldats et citoyens travaillent à la même

œuvre : la transformation d'une capitale en un vaste cimetière !

Que fait Vacquerie ?

Il se jette, la plume au poing, entre les combattants ; il prêche la conciliation et la réconciliation ; il demande à tous la grâce de chacun ; il crie à pleine voix : « Bas les armes ! ».

Il ne voulait pas de la guerre civile après la guerre étrangère ; il ne voulait pas, selon le mot de Victor Hugo, que la nation victorieuse pût s'amuser du suicide de la nation vaincue !

L'état de siège vint bâillonner le *Rappel* ; c'était bien le moins !

Dès qu'un flambeau paraît, l'homme crie : Au secours !

Alors, un pauvre diable quelconque — tantôt un ministre, tantôt un général — souffle dessus à la grande joie des aveugles et des imbéciles.

C'est seulement au mois d'octobre 1871 que Vacquerie put se remettre en marche et continuer son œuvre de propagande au nom de l'égalité, de la liberté et de la fraternité.

Tous ses articles — et remarquez qu'il en écrit trois cent soixante-cinq par an — sont coulés dans un moule magnifiquement travaillé.

Aussi, après les avoir applaudis d'abord

comme des œuvres de combat, on les admire ensuite comme des œuvres d'art.

Ils renferment de l'esprit, de la logique, de l'éloquence et de l'émotion pour défrayer vingt journaux.

A côté du maître, combien, célèbres aujourd'hui, se sont assouplis et formés !

C'est que Vacquerie ne se contente pas de prêcher le devoir et de souffler l'enthousiasme, il donne aussi l'exemple.

Il arrive le premier dans les bureaux du journal et en sort le dernier.

Pas une phrase n'est envoyée à la composition qu'il ne l'ait lue; il éprouve, contrôle et revise le moindre écho ou le moindre fait divers.

De là vient que le *Rappel*, après une vie déjà longue, n'a rien perdu de sa popularité et qu'il aura peut-être la place d'honneur dans l'histoire du journalisme au dix-neuvième siècle.

Avec un pareil tremplin à sa disposition, sa grande expérience des hommes et des choses, son admirable coup d'œil et son robuste talent, Vacquerie aurait pu prétendre à tout ; mais être député, sénateur ou académicien, porter un ruban rouge à sa boutonnière, avoir une escorte composée de badauds ou de parasites, sont des choses qu'il n'ambitionne pas.

Solliciter pour les autres, soit; pour lui, jamais!

Souvent ce simple soldat de l'armée républicaine salue ceux qui vont se faire galonner, mais il ne les envie pas, sachant bien qu'on peut être un héros avec ou sans galons.

Son rêve était de voir la France libre; elle l'est devenue, et il se tient pour satisfait.

Maintenant, il monte la garde autour de la République, calmant l'impétuosité des zélateurs maladroits, excitant les traînards qui ont pour excuse leur manque d'haleine, et rappelant aux chefs les grandes lois de la Révolution, établies au nom du progrès, de la justice et de l'humanité.

Je n'exagère rien.

Ces éloges, on les retrouvera même sous la plume de ses adversaires, car en sa présence, quelle que soit l'opinion qu'on ait de sa politique, on est bien forcé de s'écrier :

Voilà un homme — et voilà l'homme!

En 1875, l'éditeur Michel Lévy publia sous ce titre : *Hier et Demain*, les principaux articles du *Rappel;* ces articles, habilement choisis et classés, forment un volume philosophique et littéraire qu'on lira toujours avec intérêt, parce qu'il sera toujours d'actualité.

L'auteur y traite des questions générales, comme, par exemple, la question du suffrage universel, la question de la peine de mort, la question de l'enseignement et la question de la liberté de la presse, dont on ne se désintéressera jamais.

Elles seront éternellement à l'ordre du jour, car, éternellement, il y aura des forgeurs de chaînes... — à moins que l'âge d'or n'arrive; mais, hélas! il pourrait bien se faire désirer longtemps encore!

C'est à craindre — et même à prévoir.

Quelques années avant, en 1872, le même éditeur nous avait donné un volume de vers : *Mes premières années à Paris.*

Il y a là-dedans des tours de force prestigieux, d'adorables fantaisies, de sanglantes ripostes et des poèmes où les déchirements de la nature viennent s'ajouter aux déchirements du cœur.

Rien de plus varié, de plus fiévreux et de plus *personnel* que ce livre.

J'ai souligné avec intention le mot personnel, parce que, dans certains milieux, on accuse Vacquerie d'avoir commencé par imiter Victor

Hugo. C'est une grosse erreur. Je l'ai dit, je crois, au commencement de cette étude, et je le répète à la fin.

Vacquerie a déclaré lui-même : *qu'on n'imitait Hugo qu'en ne l'imitant pas;* et il a fait mieux que de le déclarer — il l'a prouvé!

Les pièces intitulées : *Proserpine,* l'*Attente,* le *Kœpsake,* le *Brin d'herbe, Un des poètes naissants* et *Ciel et Noir;* celles adressées à *Molière,* à *Louis Boulanger, A un ressuscité, A une rieuse,* et à *Madame Victor Hugo,* ne doivent rien à personne. Elles sont sorties toutes chaudes, toutes frissonnantes, toutes fières, d'une âme pleine jusqu'au bord et qui débordait naturellement.

Il en est une — le morceau capital de *Mes premières années à Paris,* — qui mérite surtout d'être signalée.

Elle a pour titre : *Hans et Marie.*

C'est un vrai drame shakespearien d'une forme impeccable et d'une intensité prodigieuse, avec des passions bien humaines et des alexandrins qui jaillissent comme des éclairs.

Quelle joie pour nous et quel honneur pour lui, si le Théâtre-Français ouvrait ses portes à *Hans et Marie!*

En 1882, le directeur de l'Odéon — c'était alors M. de La Rounat — eut déjà l'excellente idée de demander ce drame à l'auteur. Mais Auguste Vacquerie objecta bientôt que les artistes manquaient. Si l'œuvre n'est pas longue, les deux principaux rôles sont écrasants, et personne, en effet, n'en eût porté le poids sans des défaillances qui pouvaient compromettre le succès de la tentative.

Du reste, Vacquerie dédommagea magnifiquement M. de La Rounat : il retira le *Faiseur de Rois* de la Comédie-Française et le porta au théâtre de l'Odéon, sous le titre de *Formosa*.

La première représentation de cette pièce eut lieu le 16 mars 1883.

Ce fut un véritable événement littéraire, dont on parla aussi bien en province et à l'étranger qu'à Paris même.

Les quatre actes de *Formosa* se déroulent à Londres, en 1470.

Lord Warwich — le faiseur et défaiseur de rois — aime la même femme que le duc Jean. Mais, bientôt, ce dernier s'efface devant l'homme qui peut le perdre à jamais ou le faire monter sur le trône.

Formosa, qui aime le duc, ne peut se croire sacrifiée.

« Une telle lâcheté est impossible », dit-elle; mais ses dédains, ses colères et ses menaces, rien n'y fait; elle a beau laisser entendre que, livrée à Warwich par l'homme qu'elle aime, elle s'abandonnera sans remords, — le duc, caché derrière une tapisserie, et que Formosa sait être là, ne se montre pas. Alors, la femme outragée rassemble ses forces et ajoute aussitôt :

« Eh bien, puisque ces marchés se font, soit ! je vous... »

Mais au moment d'achever, au moment de dire à Warwich je vous aime! elle va furieusement à la portière qui cache le duc, l'écarte avec violence et s'écrie :

« Lâche! Tu paraîtras! »

Les *charpenteurs* qu'on oppose toujours aux poètes, furent, cette fois, forcés d'applaudir, et leurs applaudissements se mêlaient à ceux de quinze cents spectateurs.

Du cintre au parterre, des loges aux galeries, il y eut, le premier soir, une formidable explosion de bravos.

Le rideau tombé, cette explosion recommença, si forte et si retentissante, que les arcades de l'Odéon, — ma parole d'honneur! — durent en être ébranlées.

Parlerai-je du style? A quoi bon répéter ici
les écrivains de la presse parisienne

ont déjà dit avant moi, et beaucoup mieux que je ne saurais le dire?

Ce grand triomphe de la poésie dramatique fut à peine proclamé par les journaux que la foule se rua aux guichets de l'Odéon.

Cet admirable théâtre, que les Parisiens visitaient à peine une fois par an, un peu comme le Panthéon ou les Invalides, n'avait plus maintenant assez de places.

O surprise des ouvreuses! ô joie des comédiens!

Auguste Vacquerie eut cette nouvelle gloire de réveiller et de relever l'Odéon quand il était *in articulo mortis!*

CHAPITRE VII

L'Hotel de la rue Dumont-d'Urville.

Des plus petites causes naissent les plus grands effets.

L'amitié d'Auguste Vacquerie pour Victor Hugo.

Une œuvre commencée en exil.

" Proserpine ".

CHAPITRE VII

J'ai analysé l'œuvre d'Auguste Vacquerie, et raconté toutes les étapes de sa vie littéraire.

On a vu que l'homme avait toujours marché droit et l'écrivain toujours visé haut.

Peut-être me reprochera-t-on de ne pas avoir insisté sur la couleur de ses cheveux, la coupe de sa barbe, la forme de ses vêtements et l'heure de ses repas; mais était-ce bien nécessaire?

D'autres seraient curieux de savoir s'il a eu des maîtresses, s'il s'est battu en duel, si son habitude est de monter à cheval le matin et d'aller le soir chez Tortini, *tordre le cou à un perroquet?...*

Par malheur, j'ignore absolument ces choses.

Tout ce que je puis dire de certain, c'est que le père de *Formosa* ne s'est jamais marié, qu'il demeure avec sa nièce et son neveu, M. et

Madame Lefèvre, dans un charmant hôtel de la rue Dumont-d'Urville, entouré de tableaux qui sont de précieuses raretés et de livres qui sont des merveilles de typographie.

Les soirs de réception, on voit circuler chez lui les maîtres de la plume, de la parole et du pinceau.

Madame Ernest Lefèvre, qui fait les honneurs de la maison avec une grâce et une amabilité vraiment exquises, a vu défiler ainsi devant elle toutes les illustrations de son époque.

Auguste Vacquerie habitait, d'abord, rue Richelieu, un appartement très simple.

A cette époque, Paul Meurice habitait une petite maison située avenue Frochot. Il vint à l'esprit de son propriétaire l'idée — toujours naturelle chez un propriétaire — d'augmenter le prix de ses loyers.

Malheureusement, cela tombait mal, et cette augmentation — qu'on nous passe la métaphore — fut la goutte d'eau qui fit déborder le vase.

Paul Meurice, déjà peu satisfait de son habitation, répondit aussitôt par un congé en forme. Après quoi, il s'acheta un hôtel, rue Fortuny, afin de se mettre une bonne fois à l'abri des exigences de MM. les propriétaires.

Cependant, quelque chose le contrariait.

C'était de se voir maître chez lui, alors que le plus ancien et le plus cher de ses amis, Auguste Vacquerie, habitait un simple appartement.

— Fais comme moi, dit-il à l'auteur de *Tragaldabas* : achète une maison, et je jouirai de mon nouveau luxe sans remords.

Vacquerie fut long à se décider.

Néanmoins, il se laissa convaincre peu à peu, et s'installa enfin rue Dumont-d'Urville, dans un hôtel dont il fit l'acquisition pour calmer les scrupules de son ami.

A son tour il devint rêveur.

— Comment! se disait-il, je suis logé chez moi, j'ai un hôtel et Victor Hugo n'en a pas?... C'est invraisemblable!

Là-dessus, il alla trouver le Maître, et le supplia de faire ce que lui-même avait fait, sur les conseils de Meurice.

— Exaucez ma prière, conclut-il, ou mon bonheur ne sera pas complet!

Quelque temps après, Victor Hugo, lui aussi, se faisait construire un hôtel. — Hélas! il ne l'habita pas; la mort le prit trop tôt.

Ainsi des plus petites choses naissent les plus grands effets!

N'est-ce pas aujourd'hui une bonne fortune pour l'ancien propriétaire de Meurice de pouvoir revendiquer cette anecdote comme un titre — le seul qu'il ait sans doute — pour passer à la postérité ?...

Bien des fois on alla jusqu'à reprocher à Auguste Vacquerie son amitié constante pour Victor Hugo; mais à de pareils enfantillages il ne répondait jamais que par un sourire et un haussement d'épaule.

Il se savait des admirateurs sincères et des disciples dévoués; et puis, n'était-il pas au-dessus de ces sarcasmes ineptes ?

Victor Hugo ! Auguste Vacquerie !

Comme ces deux noms vont bien ensemble et comme on se plaît à les répéter.

Comme elle était sincère et profonde l'union de ces deux hommes, dont l'un est un maître et dont l'autre était le Maître !

Quand Victor Hugo mourut, quelque chose du cœur de Vacquerie se brisa certainement; et quoi de plus touchant, de plus respectable, de plus beau, que cette vénération d'un grand poète pour le plus grand des poètes ?

Vénération jamais lasse, dont ne viennent à bout ni l'exil ni la mort, invincible et sereine comme l'âme où elle est née, attestant bien que la créature humaine est faite à l'image de Dieu.

Vacquerie a aimé l'auteur des *Misérables*, de la *Légende* et de *Ruy-Blas*, comme il aime le vrai, le juste et le beau.

Ce sont ces trois choses qui lui inspirèrent *Faust*, une œuvre commencée en exil, terminée depuis longtemps et que nous attendons avec impatience.

Vacquerie a aussi plusieurs drames dans ses tiroirs.

Je les dénonce sans pitié aux directeurs de théâtre.

A l'assaut, messieurs! emparez-vous de ces chefs-d'œuvre inédits pour rallumer dans l'âme du peuple la foi, l'enthousiasme et la passion!

Disons enfin, que M. Louis Gallet a tiré dernièrement un très remarquable livret d'un drame violent : *Proserpine*, que tout le monde avait lu dans *Mes premières années à Paris*.

M. Camille Saint-Saëns — un maître aussi, celui-là! — a composé la musique de cette œuvre, qui a été représentée à l'Opéra-Comique avec un grand succès.

CONCLUSION

CONCLUSION

..... Je suis arrivé au bout de mes notes.

Il ne me reste maintenant qu'à conclure, et je vais le faire en quelques mots.

Il existe dans le département de la Seine-Inférieure un coin de terre délicieux.

Ce n'est ni un jardin, ni une forêt, ni une colline, mais c'est le tout ensemble.

On y voit de belles fleurs que le soleil dévore de ses ardents baisers, on y nage dans des flots de parfums, on y respire un air salubre, on y contemple de vastes horizons et on y est bercé par la plainte mélancolique des vieux arbres.

L'été, tout y est charmant; l'hiver tout y est mystérieux !

Du mois d'avril au mois d'août, on dirait un tableau composé par Virgile, et du mois de septembre au mois de mars on dirait un décor animé par Shakespeare.

Ce coin de terre, dont j'ai déjà eu l'occasion de parler au commencement de cette étude, a un nom désormais immortel, puisque l'auteur des *Contemplations* l'a gravé dans ses strophes : il s'appelle Villequier.

C'est là qu'Auguste Vacquerie se repose un mois par année; là qu'il se rappelle, là qu'il rêve et qu'il espère, qu'il s'entretient avec ses morts adorés, et puise de nouvelles forces pour de nouveaux combats.

Il semble rajeunir avec les choses.

A son retour de Villequier, au mois de septembre, on ne lui donnerait guère plus de cinquante ans.

La vérité est qu'il en a soixante-neuf; mais le temps a passé sur lui sans le toucher de son aile sombre.

Par la verdeur de son style, par l'énergie de sa polémique, par la verve endiablée dont ses articles quotidiens débordent, par la somme de travail qu'il entasse encore miraculeusement, Auguste Vacquerie est le plus jeune de tous nos écrivains.

On ne voit pas de rides à son esprit; comment en pourrait-on voir à son front?

Ce coucher de soleil a la fraîcheur d'une aurore.

Ce vétéran de nos grands combats littéraires se refait chaque jour une moisson de lauriers.

Ce maître, qui n'a pas d'égal dans le journalisme, qui a doté la scène française de plusieurs chefs-d'œuvre, et qui, tout en se jouant, en ne voulant ramasser que des *Miettes,* s'est assis au banquet de l'histoire, à côté de Michelet et d'Augustin Thierry; ce maître a beau faire, il n'a pas encore mérité l'épithète de vénérable.

L'Académie (dont il se moque bien, du reste!) ne pense même pas à lui : — Il est trop jeune!

Mais, en attendant qu'il vieillisse, ce qui nous reporte loin dans l'avenir, n'avons-nous pas le devoir, nous tous qui tenons une plume, d'entourer de notre respect et de notre admiration l'homme en qui nous trouvons de si parfaits exemples et de si nobles enseignements?

Pour ma part, j'ai raconté sa vie afin de rendre hommage à l'art, à ce culte divin du beau éternel auquel il s'est voué dès l'enfance, et dont il restera comme une des plus glorieuses incarnations.

FIN

TABLE

TABLE

CHAPITRE V

CHAPITRE VI

CHAPITRE VII

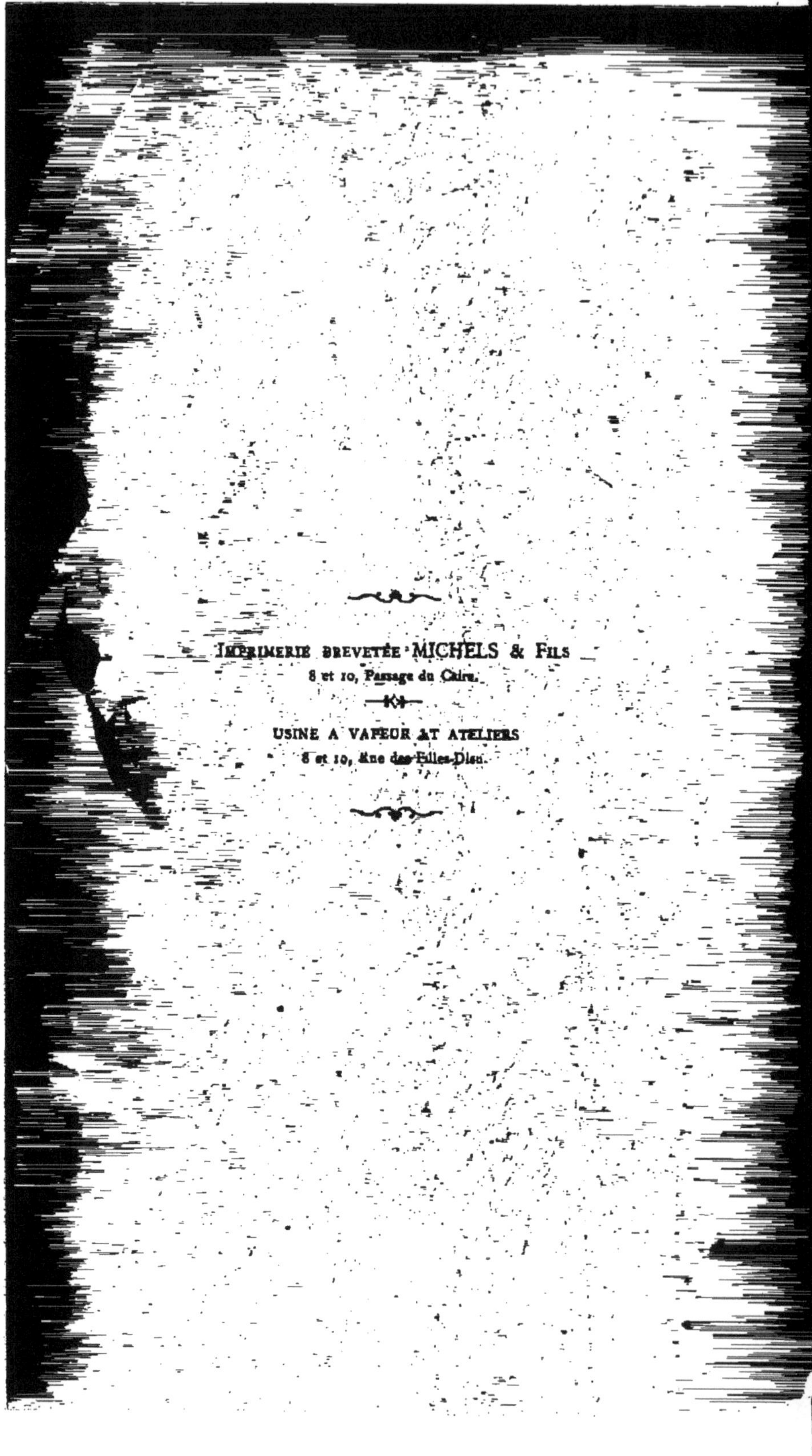

IMPRIMERIE BREVETÉE MICHELS & FILS
8 et 10, Passage du Caire.
USINE A VAPEUR AT ATELIERS
8 et 10, Rue des Filles-Dieu.

9 782019 477127